VEHICULES de
COMBAT d'INFANTERIE
INFANTRY FIGHTING VEHICLES

Youri OBRAZTSOV

Translated from the french by James Donald Riznyk

Manuel de reconnaissance
Recognition handbook

SOMMAIRE/SUMMARY

AVANT-PROPOS

Le VCI, Véhicule de Combat d'Infanterie, est un vrai système d'arme performant, combinant une grande mobilité, une protection contre toute ferraille du champ de bataille et un armement très divers : un canon automatique, une mitrailleuse, un lance-grenade, des moyens antichars guidés ou non guidés. Mais son atout principal est bien le groupe de combat avec tout son équipement embarqué.

L'infanterie joue un rôle primordial dans une armée moderne. Si le VCI est une invention relativement récente, l'infanterie est l'arme la plus vieille au monde et son importance n'a pas changé depuis l'antiquité. Le terrain ne peut être considéré comme conquis tant qu'il n'a pas été foulé par le pied du fantassin.

La mission principale du VCI est d'amener son groupe au combat et de le soutenir avec ses armes de bord. Mais il doit être polyvalent, capable d'aider l'infanterie, d'exécuter toute mission qui lui est exigée : attaquer, défendre, le combat en localité, le contrôle de zone, escorter ou le maintien de l'ordre.

Si la Seconde Guerre mondiale a favorisé le développement des chars de combat, l'infanterie des années 1960 est encore équipée de véhicules légers : Half-track, M-113 ou BTR-60. Ils sont faiblement protégés, souvent au toit ouvert et possèdent une mitrailleuse d'autodéfense. Avec une nouvelle génération de chars, M-60, Leopard 1, T-62... ils ne peuvent plus suivre le combat mobile. Une autre raison du développement des VCI est la doctrine de l'emploi d'armes nucléaires tactiques, l'infanterie devant traverser et se battre dans de larges zones contaminées.

De nombreux pays comme la France, les Etats-Unis ou l'Allemagne, ont travaillé sur le projet de nouveaux types de véhicules. Et c'est le BMP-1 qui a été le premier engin à pouvoir allier une grande mobilité, accrue par la capacité amphibie, une protection balistique et NBC, et une puissance de feu importante.

Le groupe embarqué à la capacité d'ouvrir le feu à partir de l'intérieur du véhicule. Le canon de 73 mm peut traiter tous les véhicules existants de cette époque et le missile AT-3 engage les chars jusqu'à 2 500 mètres.

Cinq ans après la mise en service du BMP-1, l'Allemagne développe le Marder, suivi de près par l'AMX-10P français, puis le M-2 Bradley américain. Des véhicules spécialisés voient le jour pour les unités de fusiliers marins, de reconnaissances et les troupes de parachutistes. L'ère des VCI est lancée.

Les VCI rentrent dans la catégorie VBC, Véhicules Blindés de Combat, tout comme les VBTT, Véhicules Blindés de Transport de Troupe et les VBR, Véhicules Blindés de Reconnaissance. Le VCI, destiné à l'infanterie mécanisée, est conçu pour transporter un groupe de combat. Il est majoritairement chenillé, pèse plus de 12 tonnes, est protégé contre les obus de 20 mm sur l'arc frontal, et la munition 7,62 mm sur tout azimut. Son armement, supérieur ou égal à 20 mm, est intégré dès sa conception. Le VBTT, destiné à l'infanterie motorisée, est souvent un engin à roues, avec un blindage léger et armé de mitrailleuses.

Depuis la fin des années 1990, de nouveaux facteurs entrent en jeu : le développement des véhicules à roues dépassant les 25 tonnes avec une protection accrue, l'installation de kits de surblindage et des modules d'armement sur les châssis des VBTT, la solution dite « économique », ainsi que de nombreux rétrofits de châssis de chars au profit des véhicules blindés lourds.

Le développement du VCI moderne a beaucoup d'exigences. Puissance de feu, protection, mobilité bien sûr, mais aussi la modularité, fiabilité, ergonomie, ressource de modernisation, facilité d'entretien et utilisation des technologies existantes afin d'éviter des projets trop ambitieux engendrant systématiquement des surcoûts et des retards de programme.

Malgré les nombreuses réductions du parc de véhicules, l'avenir des VCI reste assuré. En Europe, la nouvelle génération d'engins vient remplacer les véhicules conçus pendant la guerre froide, la modernisation des véhicules anciens augmente leur capacité opérationnelle et prolonge leur durée de vie, l'industrie des pays d'Asie acquiert des capacités de concevoir des véhicules nationaux performants. Depuis l'effondrement du Mur de Berlin, l'infanterie voit augmenter le nombre des missions et les déploiements opérationnels avec son matériel de dotation. Le VCI reste un outil indispensable dans les unités de l'infanterie mécanisée.

FOREWORD

The IFV, Infantry Fighting Vehicle, modern, is a truly performant weapons system that combines; heightened mobility, protection against all types of small calibre weapons and a panoply of divers weapons: automatic cannons, machine guns, grenade launchers and guided or non-guided anti-tank systems. But, its principal quality is surely the debarked and fully equipped combat group.

The infantry plays a crucial role in a modern army. If the IFV is a relatively recent invention, the infantry is the oldest weapon in our history and its importance hasn't changed since ancient times. Ground cannot be considered conquered until the feet of a soldier have treaded it.

The principal mission of the IFV is to bring its group to combat and to give fire support with its on-board weapons. But, it has to be multi-purpose, capable of aiding the infantry and executing any mission demanded of them, whether it's urban combat, controlling a zone, patrols in mountainous regions or maintaining order.

If the Second World War favored the development of the main battle tank, the infantry of the 1960's were still equipped with lighter vehicles: Half-Track, M-113 or the BTR-60. Their protection was relatively light, often having an open roof and a machine gun for defense. With the new generation of battle tanks: M-60, Leopard-1, or T-62, they could no longer keep up with mobile combat. Another reason for the development of the IFV was because of the use of tactical nuclear weapons, with the infantry having to cross and fight in large contaminated zones.

A number of countries, France, United-States and Germany, worked on the project developing newer types of vehicles. It was the BMP-1 which became the first vehicle able to combine mobility, heightened by its amphibious capabilities, ballistic and NBC protection, powerful fire power and the ability for the group being transported to fire from the interior of the vehicle. The 73 mm canon could take care of all the existing vehicles during its time and the AT-3 missile could treat tanks up to 2500 meters.

5 years after the BMP-1 was put into service, Germany developed the Marder, followed by the French AMX-10P and then the American M-2 Bradley. Specialized vehicles for marine riflemen, recon squads and paratroopers saw the light of day. The era of the IFV is launched.

The IFV enters into the same group as the AFC or armored fighting car, much like the APC or armored personnel carrier. The IFV, destined to serve the motorized infantry, is designed to transport a combat group. The majority are tracked, weigh more than 12 tons and have protection against 20 mm shells in the front and against 7,62 mm munitions on all sides as a standard minimum. Its weapons, superior or equivalent to 20 mm, are integrated during their conception. The APC, destined to serve the motorized infantry is often presented with wheels, have light armor and are armed with machine guns.

Since the end of the 1990s, new factors came into play: development of wheeled vehicles with added protection weighing over 25 tons, the installation of modular armor plates and weapons modules on the frame of a APC, a solution said to be "economic", and a number of retrofitted tank hulls favorising the heavily armored vehicles.

The development of the modern IFV has a number of requirements. Fire-power, protection and mobility are certain but the modular design, reliability, ergonomics, ability to evolve, simple maintenance and the usage of existing technologies without getting into projects that are too ambitious and that cause systematic program delays and additional costs.

In spite of the numerous reductions to the general quantity of vehicles in stock, the future of the IFV is assured. In Europe, newer generations of vehicles are replacing the ones developed during the cold war, the modernization of older vehicles increases their operational capacities and lengthens their life expectancy, and also the industries from Asian countries are acquiring the ability to manufacture high performance national vehicles. Since the collapse of the Berlin wall, the infantry has seen an augmentation in the number of missions and operational deployments with its standard issue materiel and the IFV remains a necessary tool in motorized infantry units.

TABLEAU DES VCI PAR ANNÉE

Années/Years	VCI/IFV	Pays/Country	Années/Years	VCI/IFV	Pays/Country
1961	Saurer 4F 4FA	Autriche	1985	BMD-2	URSS
1966	BMP-1	URSS		BMP-23	Bulgarie
1967	XM-765	Etats-Unis *prototype		MLI-84	Roumanie
1969	BMD-1	URSS		K-200 (KIFV)	Corée du Sud
1971	BMD-1K	URSS	1986	M2A1 Bradley	Etats-Unis
	SPz Marder	Allemagne		M3A1 Bradley	Etats-Unis
1972	BRM	URSS		FV-510 Warrior	Royaume-Uni
1973	AMX-10P	France	1987	BMP-3	URSS
1978	BMD-1P	URSS	1988	M2A2 Bradley	Etats-Unis
	YPR-765	Pays-Bas		M3A2 Bradley	Etats-Unis
1979	BMP-1P	URSS		BVP M-80A1	Yougoslavie
	BVP M-80	Yougoslavie		Achzarit MK1	Israël
	VCTP	Argentine		SPz Marder A3	RFA Allemagne
1981	BMP-2	URSS	1990	BMD-3	URSS
	M2 Bradley	Etats-Unis		AIFV (ACV-300)	Turquie
	M3 Bradley	Etats-Unis		Type-89 (ZSD-89)	Chine
	BVP M-80A	Yougoslavie		YW-307	Chine
1982	AIFV	Belgique	1991	Type-89	Japon
			1992	M2A2 ODS Bradley	Etats-Unis
				M3A2 ODS Bradley	Etats-Unis

TABLE OF IFV PER YEAR

Années/Years	VCI/IFV	Pays/Country	Années/Years	VCI/IFV	Pays/Country
1992	BMP-30 Type-86, WZ-501	Bulgarie Chine	2003	BMP-3M CV-9040C ZBD-03, ZLC-2000 EFV, AAAV	Russie Suède Chine Etats-Unis *prototype
1993	CV-9040 Desert Warrior	Suède Royaume-Uni	2004	BMD-4 BVP M-98 ZBD-04, ZBD-97	Russie Yougoslavie Chine
1995	BRM-3K CV-9030	Russie Suède	2005	MLI-84M ZBD-05, ZBD-2000 BMPV-64	Roumanie Chine Ukraine *prototype
1997	BTR-T Achzarit MK2	Russie *prototype Israël			
1999	Bionix 25	Singapour	2006	Bionix II	Singapour
2000	M2A3 Bradley M3A3 Bradley CV-9030 MkII BRDM Stalker 2T MTLB 6MB	Etats-Unis Etats-Unis Suède Biélorussie *prototype Russie	2007	CV-9035 MkIII	Suède
			2008	BMD-4M Namer CV-90RS	Russie *prototype Israël Suède
			2009	K-21	Corée du Sud
2001	ASCOD Pizarro AB-14 Temsah	Espagne Jordanie *prototype	2010	SPz Puma Anders	Allemagne Pologne *prototype
2002	ASCOD Ulan SPz Marder A5 VCC-80 Dardo BMP-T	Autriche Allemagne Italie Russie *prototype	2012	M2A2 ODS-SA	Etats-Unis
			Développement	BMP-4 FRES SV	Russie Royaume-Uni

BMP-1, BMP-1P

VÉHICULE DE COMBAT D'INFANTERIE 1966

Au début des années soixante, l'Union soviétique a besoin d'un nouveau type de véhicule pour l'infanterie, capable de suivre des chars de combat, d'appuyer l'infanterie débarquée, aérotransportable, amphibie et protégé contre les menaces NBC. Après plusieurs prototypes, il est mis en service en 1966 sous le nom de BMP-1, *Boyevaya Maschina Pekhoty*. L'engin est très novateur pour l'époque. La tourelle monoplace reçoit un canon de 73 mm dérivé du SPG-9, une mitrailleuse coaxiale 7,62 mm et un missile 9M14 Malyutka (AT-3 Sagger). Le châssis possède huit trappes de tir, dont deux dédiées aux mitrailleuses. Le châssis du BMP-1 a servi de base pour de nombreux véhicules.

In the beginning of the sixties, the Soviet Union needed a new type of vehicle for its ground troops; capable of following tanks, giving fire support to debarked infantry, air-deployment capacity, amphibious and able to provide protection against NBC threats. After several prototypes it was put into service under the name of BMP-1, Boyevaya Mashina Pekhoty, in 1966. The vehicle is particularly innovative for its time. The single place turret receives a 73 mm cannon, a derivative of the SPG-9, a 7,62 mm coaxial machine gun and a 9M14 Malyutka (AT-3 Sagger) missile. The hull possesses eight firing traps, two of which are dedicated to machine guns. The hull of the BMP-1 was used as a base in the development of numerous other vehicles.

BMP-1, BMP-1P

INFANTRY FIGHTING VEHICLE

-4°/+33°

2.15 m

0.39 m

2.94 m

6.735 m

Cannon	73 mm 2A28 Grom	Canon
Coaxial machine gun	7.62 mm PKT	Mitrailleuse Coaxiale
Antitank weapons	9M14 Malyutka (AT-3 Sagger) BMP-1P : 9M111 Fagot (AT-4 Spigot)	Capacité antichar
Other weapons	5 x RPG-7 ou 2 x SA-7	Autre armement
Smoke grenades	6	Grenade fumigène
Ammunition	40 x 73 mm 2 000 x 7.62 mm 4 x AT-3 (4 x AT-4 BMP-1P)	Munition
Crew	3 + 8	Equipage
Weight	13.6 t	Poids en ordre de combat
Engine, Power	Type UTD-20, 300 ch	Groupe motopropulseur, Puissance
Rapport power / Weight	22 ch/t	Rapport puissance / Masse
Speed / Water speed	65 km/h / 7 km/h	Vitesse / Vitesse dans l'eau
Fuel Capacity	462 L	Capacité de carburant
Maximum road range	600 km	Autonomie
Ground pressure	0.6 kg/cm²	Pression au sol

BMP-2, BMP-2D, BMP-2M

Véhicule de Combat d'Infanterie

1981

Le premier prototype du BMP-2 est réalisé en 1975. Il a pour but d'augmenter la puissance de feu face aux nouveaux VCI occidentaux. Mais c'est la guerre en Afghanistan qui est l'évènement décisif de sa mise en service en 1981. La caisse est redessinée pour accueillir une tourelle biplace stabilisée. Le canon automatique de 30 mm tire avec une élévation de 75°. Le châssis, le train de roulement et le GMP ont une compatibilité de 75 % avec le BMP-1. Le BMP-2 est amphibie et protégé NBC. Le BMP-2D, utilisé en Afghanistan, possède un kit de surblindage. Un modèle modernisé, le BMP-2M, est présenté avec une motorisation plus puissante, un missile A/C Kornet-E et un AG-30.

The first prototype of the BMP-2 was realized in 1975. Its aim was to increase fire power in front of newer Occidental IFVs. But the war in Afghanistan was the turning point in the decision to put it into service in 1981. The hull was redesigned to allow the installation of a stabilized two-place turret. The automatic, 30 mm cannon has a 75° firing elevation. The hull, the running gear and the power train have a 75% compatibility rate with the BMP-1. The BMP-2 is amphibious and has NBC protection. The BMP-2D, used by troops in Afghanistan, possesses a reinforced armor kit. A modernized model, BMP-2M, is presented with a more powerful motorization, an ATGW Kornet-E missile and an AG-30.

BMP-2, BMP-2D, BMP-2M

USSR

1981

INFANTRY FIGHTING VEHICLE

-5°/+75°

2.25 m

0.42 m

3.15 m

6.735 m

Cannon	30 mm 2A42	Canon
Coaxial machine gun	7.62 mm PKT	Mitrailleuse Coaxiale
Antitank weapons	9M111 Fagot (AT-4 Spigot) 9M113 Konkurs (AT-5 Spandrel) BMP-2M: 4 x 9M133 Kornet-E (AT-14 Spriggan)	Capacité antichar
Other weapons	5 x RPG-7 ou 2 x SA-7 (AG-30 BMP-2M)	Autre armement
Smoke grenades	2 x 3 Toutcha-2 902B	Grenade fumigène
Ammunition (Ready to fire)	500 (500) x 30 mm, 2000 x 7.62 mm 4x AT-4 Spigot ou AT-5 Spandrel	Munition (Prêt au tir)
Crew	3 + 7	Equipage
Weight	14.4 t (15.6 t BMP-2D)	Poids en ordre de combat
Engine, Power	UTD-20, 300 ch (UTD-23, 400 ch BMP-2M)	Groupe motopropulseur, Puissance
Rapport power / Weight	21.74 ch/t (26.5 ch/t BMP-2M)	Rapport puissance / Masse
Speed / Water speed	65 km/h / 7 km/h	Vitesse / Vitesse dans l'eau
Fuel Capacity	462 L	Capacité de carburant
Maximum road range	600 km	Autonomie
Ground pressure	0.64 kg/cm²	Pression au sol

BMP-3, BMP-3K, BMP-3F

Véhicule de Combat d'Infanterie

Les premiers prototypes du BMP-3 commencent les tests d'évaluation en 1983. Il est admis en service le 1er septembre 1987. Le BMP-3 présente une extraordinaire puissance de feu. La tourelle possède un canon de 30 mm jumelé à un canon de 100 mm tirant des obus classiques et des missiles antichars, et une mitrailleuse 7,62 mm coaxiale. Toutes les armes peuvent tirer en mouvement et en naviguant sur l'eau. Le châssis présente une originalité : le moteur, compact, est à l'arrière dans le plancher. A l'avant de la caisse deux fantassins, situés de part et d'autre du pilote, actionnent les deux mitrailleuses de capot. Le BMP-3F est optimisé pour les fusiliers marins.

The first prototypes of the BMP-3 underwent evaluations in 1983. It was put into service on September 1st, 1987. The BMP-3 presents extraordinary fire power. The turret possesses a 30 mm cannon coupled with a 100 mm cannon that fires classic shells and anti-tank missiles along with a 7,62 mm coaxial machine gun. All the weapons are able to fire while in movement and during water navigation. The hull presents an originality; the engine, compact, is underneath the rear access panel. In the front of the hull, two foot soldiers, situated on both sides of the pilot, activate the two machine guns under the hood. The BMP-3F is optimized for the marines.

BMP-3, BMP-3K, BMP-3F

1987

INFANTRY FIGHTING VEHICLE

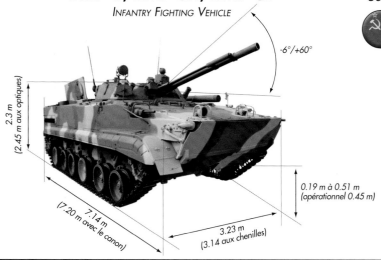

-6°/+60°

2.3 m
(2.45 m aux optiques)

0.19 m à 0.51 m
(opérationnel 0.45 m)

7.14 m
(7.20 m avec le canon)

3.23 m
(3.14 aux chenilles)

Cannon	100 mm 2A70 + 30 mm 2A72	Canon
Coaxial machine gun	7.62 mm PKT	Mitrailleuse Coaxiale
Antitank weapons	9M117 Bastion (AT-10 Stabber)	Capacité antichar
Other weapons	2 x 7.62 mm	Autre armement
Smoke grenades	2 x 3 Toutcha-2 902B	Grenade fumigène
Ammunition (automatic loader holder)	40 (22) x 100 mm (22 x BMP-3K) 500 (500) x 30 mm 6 000 x 7.62 mm (2 000 x BMP-3K) 8 x AT10 Stabber (3 x BMP-3K)	Munition (dont en chargeur automatique)
Crew (additional)	3 + 7 (+2), (3 + 3 BMP-3K)	Equipage (siège additionnel)
Weight	18.7 t	Poids en ordre de combat
Engine, Power	UTD-29M 500 ch	Groupe motopropulseur, Puissance
Rapport power / Weight	26.7 ch/t	Rapport puissance / Masse
Speed / Water speed	70 km/h / 10 km/h	Vitesse / Vitesse dans l'eau
Fuel Capacity	690 L	Capacité de carburant
Maximum road range	600 km	Autonomie
Ground pressure	0.61 kg/cm²	Pression au sol

BMP-3M
VÉHICULE DE COMBAT D'INFANTERIE   *2003*

Le BMP-3M, présenté en 2003, a un nouveau moteur UTD-32T de 660 chevaux. De nouvelles optiques permettent la suppression du télémètre laser au-dessus du canon. Le véhicule possède un système de protection anti-missile électronique Arena-E et une climatisation. Le BMP-4 est en cours de développement avec l'intégration de la tourelle Bakhtcha-U du BMD-4, appelé à devenir l'armement standard pour toutes les troupes de l'infanterie mécanisée et motorisée, les parachutistes et les fusiliers marins. L'effort est mis sur les capacités anti-aériennes, avec un nouveau calculateur balistique et une nouvelle gamme de munitions « tire et oublie ».

The BMP-3M, presented in 2003, has a new UTD-32T 660hp motor. Newer optics permitted the elimination of the laser rangefinder installed above the canon. The vehicle possesses an ARENA-E electronic anti-missile protection system and air-conditioning. The BMP-4 is under development, integrating the Bakhtcha-U turret from the BMD-4, destined to become the standard in weaponry for all troops in the mechanized and motorized infantry, paratroopers and marine riflemen. Effort is put on anti-aircraft capacities, with a new ballistic fire control computer and a new range of fire-and-forget munitions.

BMP-3M

INFANTRY FIGHTING VEHICLE

2003

-6°/+60°

2.3 m
(2.45 m aux optiques)

0.19 m à 0.51 m
(opérationnel 0.45 m)

3.23 m
(3.14 aux chenilles)

7.14 m
(7.20 m avec le canon)

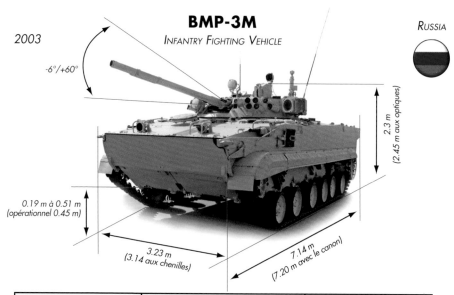

Cannon	100 mm 2A70 + 30 mm 2A72	Canon
Coaxial machine gun	7.62 mm PKT	Mitrailleuse Coaxiale
Antitank weapons	9M117-M1 Arkan (c/c tandem 5 500 m)	Capacité antichar
Other weapons	2 x 7.62 mm	Autre armement
Smoke grenades	2 x 3 Toutcha-2 902B	Grenade fumigène
Ammunition (automatic loader holder)	40 (22) x 100 mm + 500 x 30 mm 6 000 x 7.62 mm 8 (4) x 9M117M1 Arkan	Munition (dont en chargeur automatique)
Crew (additional)	3 + 7 (2)	Equipage (siège additionnel)
Weight	19.7 t	Poids en ordre de combat
Engine, Power	UTD-32T, 660 ch	Groupe motopropulseur, Puissance
Rapport power / Weight	33,5 ch/t	Rapport puissance / Masse
Speed / Water speed	70 km/h / 10 km/h	Vitesse / Vitesse dans l'eau
Fuel Capacity	690 L	Capacité de carburant
Maximum road range	600 km	Autonomie
Ground pressure	0.61 kg/cm²	Pression au sol

BMD-1, BMD-1P

Véhicule de Combat Aéroporté

Le BMD-1, *Boyevaya Mashina Desanta,* est destiné aux troupes de parachutistes. Il est développé à l'initiative du général Marguélov, le «père» des paras russes. Il est mis en dotation en 1969. Le BMD-1 est un VCI parachutable avec la mobilité, la puissance de feu et les moyens antichars équivalant au BMP de l'infanterie. Le châssis en aluminium possède deux mitrailleuses de capot. Des essais de parachutage ont été effectués avec l'équipage à l'intérieur du véhicule, sans devenir une généralité. A partir de 1978, le BMD-1P a la capacité de tirer le missile antichar 9M-111 Fagot (AT-4 Spigot).

BMD-1, Boevaya Mashina Desanta, is intended for paratroopers. It is put into service in 1969. It is developed under the initiative of general Margelov, the «father» of Russian paratroopers. BMD-1 is an airborne ICV with the mobility, fire power and anti-tank abilities equivalent to the infantry's BMP. The aluminum hull possesses two machine guns under the hood. Attempts at air-dropping the vehicle were made with the crew inside the vehicle, without becoming standard practice. Beginning in 1978, the BMD-1P gains the capacity to fire 9M-111 Fagot (AT-4 Spigot) anti-tank missiles.

BMD-1, BMD-1P

Airborne Fighting Vehicle

1969

-4°/+30°

1.62 m (1.97 m avec suspension)

0.1 m à 0.45 m

2.63 m

5.41 m

Cannon	73 mm 2A28 Grom	Canon
Coaxial machine gun	7.62 mm PKT	Mitrailleuse Coaxiale
Antitank weapons	9M14M Malyutka (AT-3 Sagger) BMD-1P : 9M111 Fagot (AT-4 Spigot)	Capacité antichar
Other weapons	2 x 7.62 mm	Autre armement
Smoke grenades	-	Grenade fumigène
Ammunition	40 x 73 mm 4 000 x 7.62 mm 4 x AT-3 (4 x AT-4 BMD-1P)	Munition
Crew	2 + 5	Equipage
Weight	7.6 t	Poids en ordre de combat
Engine, Power	5D20, 240 ch	Groupe motopropulseur, Puissance
Rapport power / Weight	32 ch/t	Rapport puissance / Masse
Speed / Water speed	70 km/h / 10 km/h	Vitesse / Vitesse dans l'eau
Fuel Capacity	300 L	Capacité de carburant
Maximum road range	500 km	Autonomie
Ground pressure	0.47 kg/cm²	Pression au sol

BMD-2, BMD-2K

Véhicule de Combat Aéroporté

Les BMD suivent l'évolution des véhicules de la famille BMP. En 1985, le BMD-2 est mis en service. La tourelle monoplace est armée du canon 2A-42 de 30 mm, avec un grand débattement en site et un missile 9M113 Konkurs, (AT-5 Spandrel en dénomination OTAN). A l'instar de son prédécesseur, le BMD-2 a la caisse en aluminium avec le moteur à l'arrière. Le pilote est à l'avant-centre et deux fantassins à sa gauche et droite. Le véhicule possède une mitrailleuse de capot à l'avant droit au lieu des deux du BMD-1. Le véhicule est amphibie, propulsé dans l'eau avec deux hydrojets.

The BMD follows the evolution of vehicles in the BMP family. In 1985, BMD-2 is put into service. The single-place turret is armed with a standard 30 mm 2A-42 canon, with a large site clearance and a 9M113 Konkurs missile, (AT-5 Spandrel in NATO terms). Following the example of its predecessor, the BMD-2 has an aluminum hull with the engine in the rear. The pilot is in the front-center and two foot soldiers are placed to his left and right. The vehicle possesses a machine gun under the hood on the front right instead of the two on the BMD-1. Amphibious, the vehicle is propelled in the water by two hydro jets.

BMD-2, BMD-2K

AIRBORNE FIGHTING VEHICLE

USSR

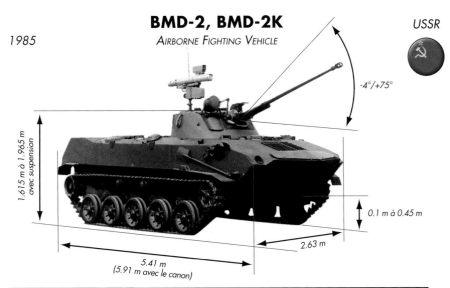

-4°/+75°

1.615 m à 1.965 m avec suspension

0.1 m à 0.45 m

2.63 m

5.41 m
(5.91 m avec le canon)

Cannon	2A42 30 mm	Canon
Coaxial machine gun	7.62 mm PKT	Mitrailleuse Coaxiale
Antitank weapons	9M111 Fagot (AT-4 Spigot) 9M113 Konkurs (AT-5 Spandrel)	Capacité antichar
Other weapons	7.62 mm PKT	Autre armement
Smoke grenades	-	Grenade fumigène
Ammunition (Ready to fire)	300 (300) x 30 mm 2 940 x 7.62 mm 3 x AT-4 ou AT-5 (néant BMD-2K)	Munition (Prêt au tir)
Crew	2 + 5 (2 + 4 BMD-2K)	Equipage
Weight	8 t	Poids en ordre de combat
Engine, Power	5D20, 240 ch	Groupe motopropulseur, Puissance
Rapport power / Weight	32 ch/t	Rapport puissance / Masse
Speed / Water speed	70 km/h / 10 km/h	Vitesse / Vitesse dans l'eau
Fuel Capacity	280 L	Capacité de carburant
Maximum road range	450-500 km	Autonomie
Ground pressure	0.53 kg/cm²	Pression au sol

Le BMD-3 est développé en 1990 pour augmenter les capacités des combats embarqués des paras. La tourelle biplace reprend l'armement et la configuration du BMP-2. Le châssis, entièrement nouveau, est plus imposant que celui du BMD-2. À l'avant de la caisse, le lance-grenades automatique AG-17 et une mitrailleuse de capot RPKS-74 en 5,45 mm sont installés. L'engin est parachutable sur un terrain situé jusqu'à 2 500 m d'altitude avec un vent de 15 m/s au niveau du sol. Le BMD-3 a la réelle capacité d'être parachuté avec l'équipage à son bord. Il peut embarquer un supplément de munitions à condition d'être parachuté avec trois membres d'équipage.

The BMD-3 is developed in 1990 to increase the fighting capacities of embarked paratroopers. The two-seater turret keeps the armament and the configuration of the BMP-2. The hull, completely redesigned, is heavier than that of the BMD-2. In the front of the hull an AG-17 automatic grenade launcher and a 5,45 mm RPKS-74 machine gun are installed. The vehicle can be air-dropped on ground up to an altitude of 2500 m with ground level wind at 15 m/s. The BMD-3 has the capacity to be parachuted with the crew aboard. It can embark supplementary ammunitions on the condition that it's parachuted with only three of its crew members.

BMD-3

AIRBORNE FIGHTING VEHICLE

-5°/+75°

2.17 m
(2.45 m aux optiques)

0.13 à 0.53 m
(opérationnel 0.45 m)

3.134 m

6 m
(6.36 m avec le canon)

Cannon	30 mm 2A42	Canon
Coaxial machine gun	7.62 mm PKT	Mitrailleuse Coaxiale
Antitank weapons	9M111 Fagot (AT-4 Spigot) 9M113 Konkurs (AT-5 Spandrel) 9M113M Konkurs M (AT-5B Spandrel B)	Capacité antichar
Other weapons	RPKS 5.45 mm, AG-17 30 mm	Autre armement
Smoke grenades	2 x 3 Toutcha 902B	Grenade fumigène
Ammunition (supplementary)	500 (360) x 30 mm 2 000 x 7.62 mm, 2 160 x 5.45 mm 4 (2) x AT-4 ou AT-5, 290 x AG-17	Munition (supplément)
Crew	2 + 5*	Equipage
Weight	13.2 t	Poids en ordre de combat
Engine, Power	2V-06 diesel, 450 ch	Groupe motopropulseur, Puissance
Rapport power / Weight	34 ch/t	Rapport puissance / Masse
Speed / Water speed	71 km/h / 10 km/h	Vitesse / Vitesse dans l'eau
Fuel Capacity	450 L	Capacité de carburant
Maximum road range	500 km	Autonomie
Ground pressure	0.54 kg/cm²	Pression au sol

* Le chef d'engin fait partie du groupe débarqué.

BMD-4

VÉHICULE DE COMBAT AÉROPORTÉ

2004

Le BMD-4 est présenté en 2004. Il possède le châssis du BMD-3 et la tourelle Bakhtcha-U. Le système Bakhtcha-U est développé à partir de l'armement du BMP-3, avec un canon de 100 mm jumelé au canon de 30 mm et une mitrailleuse coaxiale de 7,62 mm. Il se différencie par une profondeur de puit de la tourelle réduite, afin d'être intégré sur un châssis de BMD-3. Le nouveau chargement automatique accepte indifféremment les obus de 100 mm et les missiles antichars 1M-117 Arkan. La nouvelle conduite de tir augmente la probabilité de coup au but, notamment sur une cible aérienne, jusqu'à 4 km de distance et 2 km d'altitude.

The BMD-4 was presented in 2004. It possesses the BMD-3s hull and the "Bakhtcha-U" turret. The Bakhtcha-U system was developed based on the BMP-3s armament, with the 100 mm cannon, a 30 mm cannon and a 7,62 mm coaxial machine gun. It stands apart by reduced depth of the turret well, allowing it to be incorporated on a BMD-3 hull. The new automatic charging system accepts both the 100 mm shells and the Arkan1M-117 anti-tank missiles. The new firing system increases the probability of a sure hit, notably on airborne targets, up to a distance of 4 km and 2 km in altitude.

BMD-4

AIRBORNE FIGHTING VEHICLE

-5°/+60°

2.17 m

0.15 à 0.53 m
(opérationnel 0.45 m)

3.134 m

6 m (6.58 m avec le canon)

Cannon	100 mm 2A70 + 30 mm 2A72	Canon
Coaxial machine gun	7.62 mm PKT	Mitrailleuse Coaxiale
Antitank weapons	9M117-M1 Arkan	Capacité antichar
Other weapons	5.45 mm RPKS	Autre armement
Smoke grenades	2 x 3	Grenade fumigène
Ammunition (automatic loader holder)	34 (22) x 100 mm + 350 x 30 mm 2 000 x 7.62 mm, 2 160 x 5.45 mm 4 x 9M117-M1 Arkan	Munition (dont en chargeur automatique)
Crew	2 + 5*	Equipage
Weight	13.6 t	Poids en ordre de combat
Engine, Power	2V-06 diesel, 450 ch	Groupe motopropulseur, Puissance
Rapport power / Weight	33 ch/t	Rapport puissance / Masse
Speed	70 km/h	Vitesse
Fuel Capacity	450 L	Capacité de carburant
Maximum road range	500 km	Autonomie
Ground pressure	0.6 kg/cm²	Pression au sol

* Le chef d'engin fait partie du groupe débarqué.

BMD-4M

VÉHICULE DE COMBAT AÉROPORTÉ — *2008* PROTOTYPE

Le BMD-4M est présenté en mars 2008 par les constructeurs de Kurganmashzavod. Il intègre la tourelle Bakhtcha-U du BMD-4, sur un châssis entièrement nouveau. La Russie cherche à standardiser au maximum les engins blindés pour optimiser la fabrication, l'utilisation et la maintenance. La forme de la caisse est très proche de celle du BMP-3. Ils partagent les mêmes GMP, transmission, hydrojets. Le train de roulement, à hauteur variable, est unifié à 80%. Une mitrailleuse de capot peut être installée à l'avant. L'engin possède cinq galets. La masse est maintenue à 13,5 tonnes pour être parachutable avec les systèmes existants.

The BMD-4M was presented in March of 2008 by Kurganmashzavod builders. It integrates the Bakhtcha-U turret, taken from the BMD-4, on a completely new hull. Russia tries to standardize a maximum of armored cars to optimize the manufacturing, usage and maintenance. The shape of the hull is very close to that of the BMP-3. They share the same power train, transmission and hydro jets. The running gear, height adjustable, has an 80% compatibility rate. A machine gun can be installed in front under the hood. The vehicle has five track porters and the weight is maintained at 13,5t allowing it to be air-dropped with its existing systems.

BMD-4M

AIRBORNE FIGHTING VEHICLE

RUSSIA

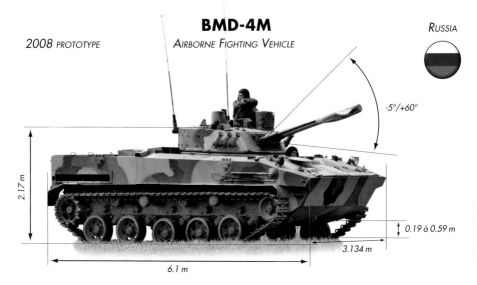

-5°/+60°

2.17 m

0.19 à 0.59 m

3.134 m

6.1 m

Cannon	100 mm 2A70 + 30 mm 2A72	Canon
Coaxial machine gun	7.62 mm PKT	Mitrailleuse Coaxiale
Antitank weapons	9M117-M1 Arkan	Capacité antichar
Other weapons	5.45 mm RPKS	Autre armement
Smoke grenades	2 x 3 Toutcha 902V	Grenade fumigène
Ammunition (automatic loader holder)	30 (22) x 100 mm, 350 x 30 mm 2 000 x 7.62 mm, 2 325 x 5.45 mm 4 x 9M117-M1 Arkan	Munition (dont en chargeur automatique)
Crew	2 + 6*	Equipage
Weight	13.5 t	Poids en ordre de combat
Engine, Power	UTD-29 diesel, 500 ch	Groupe motopropulseur, Puissance
Rapport power / Weight	37 ch/t	Rapport puissance / Masse
Speed / Water speed	70 km/h / 10 km/h	Vitesse / Vitesse dans l'eau
Fuel Capacity	450 L	Capacité de carburant
Maximum road range	500 km	Autonomie
Ground pressure	0.45 kg/cm²	Pression au sol

* Le chef d'engin fait partie du groupe débarqué.

Le BRM, *Boyevaya Razvedyvatelnaya Mashina,* est un véhicule blindé de combat conçu pour la reconnaissance. Il est développé sur la base du châssis du BMP-1, dont il garde les capacités et les caractéristiques principales. La tourelle est biplace, sur laquelle on fixe manuellement le radar 1RL-133-1. Le BRM-1K est l'évolution du BRM. La tourelle, plus spacieuse à l'arrière, reçoit le radar escamotable automatiquement. Le BRM-1K a pour équipement : un navigateur terrestre, un détecteur de radar adverse, un détecteur de radiations et agents chimiques, un détecteur de métaux. Le projet du BRM-2, sur la base du BMP-2, armé d'un canon de 30 mm, n'a jamais vu le jour.

The BRM, Boyevaya Razvedyvatelnaya Mashina, is an armored combat vehicle designed for reconnaissance. It was developed based on the hull of the BMP-1, keeping with its capacities and main characteristics. The turret is a two-seater, to which one fixes manually the 1RL-133-1 radar. The BRM-1K is the evolution of the BRM. The turret, more spacious in the back, receives an automatically retracting radar. The BRM-1K is equipped with: a land navigation system, enemy radar warning receivers, radiation and chemical agent sensors and a metal detector. The BRM-2 project, based on the BMP-2, armed with a 30 mm cannon, never saw the light of day.

BRM, BRM-1K

RECONNAISSANCE FIGHTING VEHICLE

USSR

-4°/+33°

2.2 m

0.39 m

6.735 m

2.94 m

Cannon	73 mm 2A28 Grom	Canon
Coaxial machine gun	7.62 mm PKT	Mitrailleuse Coaxiale
Antitank weapons	-	Capacité antichar
Equipment	Radar 1RL-133-1 (Tall Mike)	Equipement
Smoke grenades	2 x 3 BRM-1K	Grenade fumigène
Ammunition	40 x 73 mm 2 000 x 7.62 mm	Munition
Crew	3 + 4	Equipage
Weight	12.5 t (13.2 t BRM-1K)	Poids en ordre de combat
Engine, Power	Type UTD-20, 300 ch	Groupe motopropulseur, Puissance
Rapport power / Weight	22.22 ch/t	Rapport puissance / Masse
Speed / Water speed	65 km/h / 7 km/h	Vitesse / Vitesse dans l'eau
Fuel Capacity	462 L	Capacité de carburant
Maximum road range	600 km	Autonomie
Ground pressure	0.6 kg/cm²	Pression au sol

BRM-3K
VÉHICULE BLINDÉ DE RECONNAISSANCE

Le BRM-3K Rys, « Lynx », est développé sur la configuration et avec l'utilisation des systèmes du BMP-3. Le châssis, rehaussé, est en acier. Les mitrailleuses à l'avant sont supprimées. Le pilote se situe à l'avant gauche, le chef de groupe de reconnaissance au centre, le navigateur à droite et le transmetteur derrière la tourelle. La tourelle biplace, équipée d'un canon de 30 mm, est plus large que celle du BMP-3. Le véhicule possède le radar terrestre à effet Doppler 1RL-133-3, escamotable à l'arrière de la tourelle et de nombreux équipements d'observation et de détection, de jour comme de nuit.

BRM-3K Rys, meaning "Lynx", is developed based upon the configuration of the BMP-3, utilizing the same systems. The hull, raised, is steel. The machine guns in front are removed. The pilot is in the front left, the recon group leader in the middle, to the right the navigator and the transmitter is behind the turret. The two-seater turret, equipped with a standard 30 mm cannon, is wider than that of the BMP-3. The vehicle possesses ground radar, equipped with Doppler technology 1RL-133-3, which retracts behind the turret, and numerous types of observation and detection equipment, functional day as well as night.

BRM-3K

RECONNAISSANCE FIGHTING VEHICLE

1995

-6°/+64°

2.37 m

0.45 m

3.23 m

7.02 m

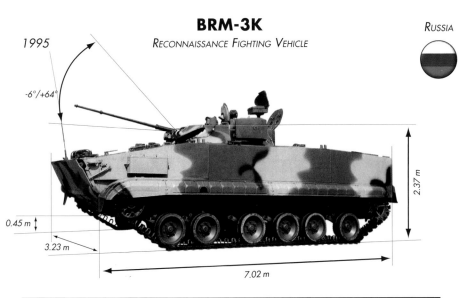

Cannon	30 mm 2A72	Canon
Coaxial machine gun	7.62 mm PKT	Mitrailleuse Coaxiale
Antitank weapons	RPG-22 ou RPG-26	Capacité antichar
Equipment	Radar 1RL-133-3 (Tall Mike)	Equipement
Smoke grenades	2 x 3	Grenade fumigène
Ammunition (Ready to fire)	600 (400) x 30 mm 2 000 x 7.62 mm 551 x lance-grenade	Munition (Prêt au tir)
Crew	3 + 3	Equipage
Weight	19.6 t	Poids en ordre de combat
Engine, Power	UTD-29M, 500 ch	Groupe motopropulseur, Puissance
Rapport power / Weight	25.2 ch/t	Rapport puissance / Masse
Speed / Water speed	72 km/h / 10 km/h	Vitesse / Vitesse dans l'eau
Fuel Capacity	690 L	Capacité de carburant
Maximum road range	600 km	Autonomie
Ground pressure	0.6 kg/cm²	Pression au sol

MTLB 6MB

VÉHICULE BLINDÉ DE TRANSPORT DE TROUPES

2000

Le MTLB est mis en service en 1964. Il est développé pour tracter des pièces d'artillerie, transporter du personnel et du matériel. De nombreux constructeurs proposent l'adaptation des systèmes d'armes plus ou moins évolués. En 2000, les constructeurs russes de « Muromteplovoz » développent différents modules de combat. Le MTLB-6MB intègre la tourelle du BTR-80A armée d'un canon 2A72 de 30 mm. Le MTLB-6MA intègre le tourelleau du BTR-80 armé d'une mitrailleuse de 14,5 mm. A partir de 2005, des systèmes 6M1B3 et 6M1B5 sont proposés avec un bitube de 23 mm, AG-17, 12,7 mm ou des missiles sol-air. Avec l'intégration de la tourelle 6MB, le MTLB acquiert une certaine qualité de VCI au niveau de la puissance de feu.

The MTLB is put into service in 1964. It is developed to tow artillery pieces as well as transport personnel and material. A number of builders proposed the adaptation of a more or less evolved weapons system. In 2000, Russian builders from «Muromteplovoz" developed various different combat systems. The MTLB-6MB integrates the turret from the BTR-80A armed with a 30 mm 2A72 cannon. The MTLB-6MA integrates the gun-turret from the BTR-80 armed with a 14,5 mm machine gun. From 2005 on, the 6M1B3 and 6M1B5 systems are proposed with duel 23 mm guns, AG-17, 12,7 mm or surface-to-air missiles. With the integration of the 6MB's turret, the MTLB acquires the qualities of an IFV in its level of fire power.

MTLB 6MB

ARMOURED PERSONNEL CARRIER

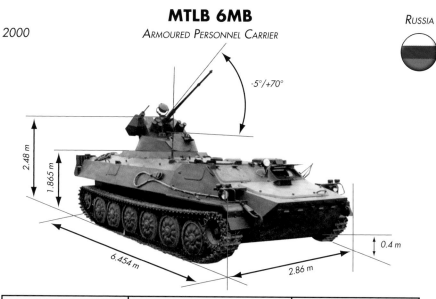

-5°/+70°

2.48 m

1.865 m

6.454 m

0.4 m

2.86 m

Cannon	30 mm 2A72	Canon
Coaxial machine gun	7.62 mm PKT	Mitrailleuse Coaxiale
Antitank weapons	-	Capacité antichar
Other weapons	AG-17	Autre armement
Smoke grenades	2 x 3	Grenade fumigène
Ammunition	300 x 30 mm 2 000 x 7.62 mm	Munition
Crew	2 + 11	Equipage
Weight	13.2 t	Poids en ordre de combat
Engine, Power	YaMZ 238V V-8 diesel, 240 ch	Groupe motopropulseur, Puissance
Rapport power / Weight	20.16 ch/t	Rapport puissance / Masse
Speed / Water speed	61.5 km/h / 6 km/h	Vitesse / Vitesse dans l'eau
Fuel Capacity	520 L	Capacité de carburant
Maximum road range	500 km	Autonomie
Ground pressure	0.46 kg/cm²	Pression au sol

BVP M-80, M-80A, M-80A1
Véhicule de Combat d'Infanterie

Le développement du BVP M-80, *Borbeno Vozilo Pesadije*, commence en 1969. En 1974, le premier prototype est construit sous le nom M-980 et une présérie est présentée en 1975. Le M-80 est mis en service en 1979. La tourelle monoplace est armée d'un canon 20 mm, d'une 7,62 mm coaxiale et de deux rampes de missiles Malyutka (AT-3 Sagger). Le train de roulement à cinq galets est entraîné par un moteur français Saviem de 260 chevaux, identique à l'AMX-10P. En 1981, le modèle M-80A apparaît. Le châssis est redessiné pour accueillir un moteur de 320 chevaux. Le M-80A1, connu aussi sous le nom de M-80AK, est produit en 1988 en quantité réduite. Il possède une nouvelle tourelle armée d'un canon de 30 mm.

The development of the BVP M-80, Borbeno Vozilo Pesadije, started in 1969. In 1974 the first prototype was built under the name M-980 and a preproduction series was presented in 1975. The M-80 was put into service in 1979, the single-place turret is armed with a 20 mm gun, one 7,62 mm coaxial and two Malyutka (AT-3 Sagger) missile ramps. The 5-wheel running gear is motorized by the French 260hp "Saviem" engine, identical to that of the AMX-10P. In 1981, the model M-80A appeared, the frame was redesigned to accommodate an engine with 320hp. The M-80A1, known also under the name M-80AK, is produced in 1988 in reduced quantity, it has a new turret armed with a 30 mm gun.

BVP M-80, M-80A, M-80A1

INFANTRY FIGHTING VEHICLE

1979

-5°/+64°

2.67 m

2.4 m

0.4 m

2.99 m

6.42 m

Cannon	20 mm M-55 30 mm M-86 BVP M-80A1	Canon
Coaxial machine gun	7.62 mm	Mitrailleuse Coaxiale
Antitank weapons	2 x 9M14M Malyutka (AT-3 Sagger)	Capacité antichar
Other weapons	-	Autre armement
Smoke grenades	-	Grenade fumigène
Ammunition	1 400 x 20 mm 2 000 x 7.62 mm 4 x AT-3	Munition
Crew	3 + 7	Equipage
Weight	11.5 t (14.8 t BVP M-80A1)	Poids en ordre de combat
Engine, Power	FAMOS 10V003 diesel, 315 ch	Groupe motopropulseur, Puissance
Rapport power / Weight	22.5 ch/t	Rapport puissance / Masse
Speed / Water speed	65 km/h / 6.8 km/h	Vitesse / Vitesse dans l'eau
Fuel Capacity	510 L	Capacité de carburant
Maximum road range	500 km	Autonomie
Ground pressure	0.67 kg/cm²	Pression au sol

BMP-23, BMP-30
VÉHICULE DE COMBAT D'INFANTERIE

Le châssis du BMP-23 est dérivé du châssis de l'automoteur d'artillerie 2S1 Gvozdika, elle-même construite sur la base du MTLB. Il est mis en service en 1985. La tourelle biplace, stabilisée, est armée d'un canon de 23 mm, d'une 7,62 mm coaxiale et du missile antichar 9M14 Malyutka (AT-3 Sagger). Le canon de 23 mm est dérivé du bitube antiaérien ZU-23. Le BMP-23A intègre le missile 9M111 Fagot (AT-4 Spigot), et des lance-grenades fumigènes. Le modèle BRM-23, conçu pour la reconnaissance, possède l'équipement d'observation spécifique et un équipage de cinq hommes. Le BMP-30, conçu en quantité réduite, intègre la tourelle du BMP-2. Vingt exemplaires du BMP-23 sont utilisés par l'armée bulgare en Irak.

The frame of the BMP-23 is a derivation of the motorized 2S1 Gvozdika artillery pieces' frame, built based on the MTLB. It is put into service in 1985. The two place turret is armed with a 23 mm cannon, a 7,62 mm coaxial and a Malyutka 9M14 (AT-3 Sagger) anti-tank missile. The 23 mm cannon is derived from the double-tube ZU-23 anti-aircraft gun. The BMP-23A integrates smoke grenades launchers and a 9M111 Fagot (AT-4 Spigot) missile. The BRM-23 model, designed for recon missions, has specific observation equipment and a 5 man team. The BMP-30, built in a reduced quantity, integrates the turret from the BMP-2. 20 copies of the BMP-23 are used by the Bulgarian army in Iraq.

BMP-23, BMP-30

INFANTRY FIGHTING VEHICLE

-°4/+80°

2.53 m

0.4 m

7.285m

2.85 m

Cannon	23 mm 2A14 BMP-23 30 mm 2A42 BMP-30	Canon
Coaxial machine gun	7.62 mm	Mitrailleuse Coaxiale
Antitank weapons	AT-3 BMP-23 (AT-4 BMP-23A, BMP-30)	Capacité antichar
Other weapons	-	Autre armement
Smoke grenades	2 x 3 902V Toutcha BMP-23A	Grenade fumigène
Ammunition	600 x 23 mm 2 000 x 7.62 mm 4 x AT-3 (4 x AT-4 BMP-23A, BMP-30)	Munition
Crew	3 + 7	Equipage
Weight	15.2 t	Poids en ordre de combat
Engine, Power	YaMZ-238 diesel, 315 ch	Groupe motopropulseur, Puissance
Rapport power / Weight	20.72 ch/t	Rapport puissance / Masse
Speed / Water speed	61.5 km/h / 4.5 km/h	Vitesse / Vitesse dans l'eau
Fuel Capacity	560 L	Capacité de carburant
Maximum road range	600 km	Autonomie
Ground pressure	0.498 kg/cm²	Pression au sol

MLI-84M

VÉHICULE DE COMBAT D'INFANTERIE 2005

Le MLI-84, *Masina de Lupta a Infanteriei,* est une version du BMP-1 fabriqué en Roumanie sous licence. Une mitrailleuse DShK de calibre 12,7 mm est installée à l'arrière du châssis. En 1995, le châssis est agrandi pour intégrer un moteur 8V-1240DT-S de 355 chevaux. En 1997, une version modernisée est présentée. Le MLI-84M intègre une tourelle OWS-25R, *Overhead Weapon Station,* d'origine israélienne, armée d'un canon en super structure Oerlikon KBA de 25 mm, une mitrailleuse 7,62 mm et deux lance-missiles 9M14 Malyutka M2T (AT-3B Sagger B). Elle peut recevoir les missiles AC Spike LR. La nouvelle motorisation C9 de Perkins développe 400 chevaux. Le MILI-84M est mis en service en juillet 2005.

The MLI-84, Masina de Lupta a Infanteriei, is a version of the BMP-1 made under license in Romania. A 12,7 mm DShK machine gun is installed on the back of the hull. In 1995, the frame is enlarged to integrate a 355hp 8V-1240DT-S engine. In 1997, a modernized version is presented. The MLI-84M integrates a OWS-25R turret, Overhead Weapon Station, of Israeli origin, armed with a 25 mm Oerlikon KBA cannon in super structure, a 7,62 mm machine gun, and two 9M14 Malyutka M2T (AT-3B Sagger B) missile launchers . It can receive AT Spike LR missiles. The new C9 Perkins motorization develops 400hp. The MILI-84M is put into service in July of 2005.

MLI-84M

INFANTRY FIGHTING VEHICLE

2005

-11°/+60°

2.942 m

0.4 m

3.3 m

7.32 m

Cannon	25 mm Oerlikon KBA	Canon
Coaxial machine gun	7.62 mm PKT	Mitrailleuse Coaxiale
Antitank weapons	2 x AT-3B / 2 x Spike	Capacité antichar
Other weapons	12.7 mm	Autre armement
Smoke grenades	6	Grenade fumigène
Ammunition (Ready to fire)	650 (200) x 25 mm 2000 (250) x 7.62 mm, 500 x 12.7 mm 4 (2) x AT-3B / 4 x Spike	Munition (Prêt au tir)
Crew	2 + 9	Equipage
Weight	17.08 t	Poids en ordre de combat
Engine, Power	Perkins CV8T diesel, 400 ch	Groupe motopropulseur, Puissance
Rapport power / Weight	23.42 ch/t	Rapport puissance / Masse
Speed / Water speed	65 km/h / 7 km/h	Vitesse / Vitesse dans l'eau
Fuel Capacity	620 L	Capacité de carburant
Maximum road range	600 km	Autonomie
Ground pressure	0.62 kg/cm²	Pression au sol

BRDM STALKER 2T

VÉHICULE BLINDÉ DE RECONNAISSANCE　　　*2000* PROTOTYPE

Le BRDM Stalker 2T, *Boyevaya Razvèdyvatelnaya Diversionnaya Machina*, est un engin de reconnaissance doté d'une grande autonomie technique et tactique. Il est conçu pour les missions de renseignement et de destruction des objectifs jusqu'à 300 km sur les arrières de l'ennemi. Le développement commence en 1996 et le premier prototype est réalisé en 2000. L'effort est mis sur la furtivité : la réduction de la signature radar, thermique et sonore. Un revêtement de caoutchouc est appliqué sur la totalité du véhicule. Le BRDM Stalker 2T possède quatre lance-missiles escamotables dans la tourelle. Il utilise les éléments du train de roulement du 2S6 Tounguska et le moteur éprouvé V-46 du T-72. Le véhicule est proposé à l'exportation.

The BRDM Stalker 2T, Boyevaya Razvedyvatelnaya Diversionnaya Machina, is a recon vehicle endowed with a large technical and tactical autonomy. It is conceived for information gathering and target destruction missions up to 300kms behind enemy lines. Development began in 1996 and the first prototype was realized in 2000. Effort is put on its stealth: reduction of its heat, sound and radar signature and a rubber coating is applied to the totality of the vehicle. The BRDM Stalker 2T has four retractable missile launchers in the turret. He uses elements of the running gear from the 2S6 Toungouska and the tried and tested V-46 engine from the T-72. The vehicle is proposed for exportation.

BRDM STALKER 2T

RECONNAISSANCE FIGHTING VEHICLE

BELARUS

-5°/+85°

2.51 m

0.13 à 0.53 m
(opérationnel
0.4 m)

3.386 m

7.77 m

Cannon	30 mm 2A42	Canon
Coaxial machine gun	7.62 mm PKT	Mitrailleuse Coaxiale
Antitank weapons	2 x 9M120 Ataka (AT-9 Spiral-2)	Capacité antichar
Other weapons	2 x SA-19 Grouse, AG-17, Mine AC	Autre armement
Smoke grenades	2 x 2	Grenade fumigène
Ammunition	500 x 30 mm 2 000 x 7.62 mm, 166 x 30 mm AG17 10 x AT-9 ou SA-19, 12 x mine AC	Munition
Crew (additional)	3 + 2 (+ 1)	Equipage (additionnel)
Weight	27.4 t	Poids en ordre de combat
Engine, Power	V-46, 780 ch	Groupe motopropulseur, Puissance
Rapport power / Weight	28.47 ch/t	Rapport puissance / Masse
Speed	95 km/h (115 km/h*)	Vitesse
Fuel Capacity	1 150 L	Capacité de carburant
Maximum road range	1 000 km	Autonomie
Ground pressure	0.77 kg/cm²	Pression au sol

* Données constructeur avec une motorisation supérieure.

BWP ANDERS

Véhicule de Combat d'Infanterie   *2010* PROTOTYPE

En décembre 2010 un nouveau VCI, le BWP Anders, *Boyowy Woz Piechoty,* est dévoilé. Il est conçu sur la plate-forme de combat multirôle WPB, *Wielozadaniowa Platforma Bojowa,* nommée en hommage au général Anders. Le WPB Anders est présenté en septembre 2010 en version char léger, avec pour armement principal un canon de 120 mm. Le châssis est développé pour servir de base à une famille de véhicules de combat. Le BWP Anders possède une tourelle biplace Hitfist-30 identique au VBC à roue 8 x 8 KTO Rosomak. Il peut recevoir une tourelle téléguidée Hitfist-OWS. Une modèle allongé à sept galets est en développement. L'armée polonaise prévoit d'acquérir jusqu'à cinq cent nouveaux VCI a partir de 2016.

In December of 2010 a new IFV, the BWP Anders, Boyowy Woz Piechoty, is revealed. It is conceived based on the WPB, Wielozadaniowa Platforma Bojowa, a multirole fighting platform in homage to the general Anders. The WPB Anders is presented in September of 2010 in version "light tank", with a 120 mm cannon as its main armament. The hull is developed to be used as a base for a family of fighting vehicles. The BWP Anders possesses a two-seater Hitfist 30 turret, identical to the wheeled 8x8 AFV KTO Rosomak. It is capable of receiving a remote-controlled Hitfist-OWS turret. A lengthened model with seven chain porters is in development. The Polish army plans on acquiring five hundred new IFVs beginning in 2016.

BWP ANDERS

INFANTRY FIGHTING VEHICLE

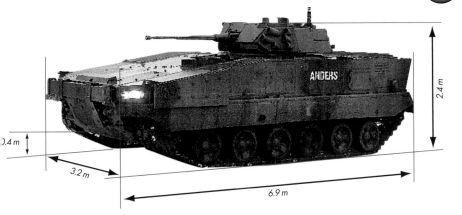

2.4 m

0.4 m

3.2 m

6.9 m

Cannon	30 mm ATK Mk 44	Canon
Coaxial machine gun	7.62 mm UKM-2000C	Mitrailleuse Coaxiale
Antitank weapons	Spike LR	Capacité antichar
Other weapons	-	Autre armement
Smoke grenades	6	Grenade fumigène
Ammunition	nc* x 30 mm, nc* x 7.62 mm	Munition
Crew	3 + 8	Equipage
Weight	26 t (30 t avec surblindage)	Poids en ordre de combat
Engine, Power	MTU, 805 ch	Groupe motopropulseur, Puissance
Rapport power / Weight	30 ch/t	Rapport puissance / Masse
Speed	75 km/h	Vitesse
Fuel Capacity	nc*	Capacité de carburant
Maximum road range	nc*	Autonomie
Ground pressure	0.64 kg/cm²	Pression au sol

* Non comuniquées.

SPZ MARDER, SPZ MARDER A3
VÉHICULE DE COMBAT D'INFANTERIE

Le développement du Schützenpanzer Marder, « martre » en allemand, débute en janvier 1960. Dix exemplaires de présérie suivent les évaluations dans les forces dès 1967. Il est mis en service en mai 1971 pour remplacer les HS-30. La tourelle biplace est armée du canon de 20 mm en superstructure. Les premiers modèles présentent une mitrailleuse carénée, placée à l'arrière du châssis. Le Marder subit plusieurs modernisations et à partir de 1988, tous les modèles sont amenés au standard A3 avec un surblindage, la suspension renforcée et une vision thermique. Le Marder A4 reçoit un nouveau poste de transmission. A partir de décembre 2010, il est progressivement remplacé par le SPz Puma.

The development of the Schützenpanzer Marder, "marten" in German, began in January, 1960. Ten pre-production specimens underwent evaluations in the forces starting in 1967. It is put into service in May of 1971 to replace the HS-30. The two-seater turret is armed with a 20 mm cannon in superstructure. The first models presented a machine-gun, placed at the rear of the frame. The Marder followed several modernizations, since 1988, all the models are brought to the standard A3, with supplementary armor plating, reinforced suspension and thermal vision. The Marder A4 receives a new transmission post. From December of 2010 it is gradually replaced by SPz Puma.

SPZ MARDER, SPZ MARDER A3

1971

INFANTRY FIGHTING VEHICLE

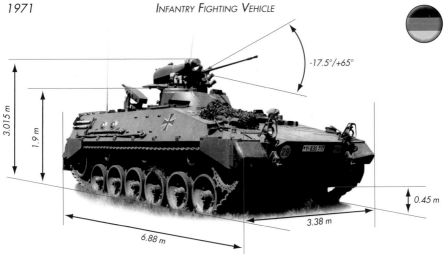

3.015 m

1.9 m

-17.5°/+65°

0.45 m

3.38 m

6.88 m

Cannon	20 mm Mk 20 Rh-202	Canon
Coaxial machine gun	7.62 mm MG3A1	Mitrailleuse Coaxiale
Antitank weapons	MILAN	Capacité antichar
Other weapons	7.62 mm MG3 (néant Marder A3)	Autre armement
Smoke grenades	6	Grenade fumigène
Ammunition	1 250 x 20 mm 5 000 x 7.62 mm 5 x MILAN	Munition
Crew	3 + 7 (3 + 6 Marder A3)	Equipage
Weight	28.2 t (33.5 t Marder A3)	Poids en ordre de combat
Engine, Power	MTU MB 833 Ea-500 diesel, 600 ch	Groupe motopropulseur, Puissance
Rapport power / Weight	17.9 ch/t	Rapport puissance / Masse
Speed	75 km/h (65 km/h Marder A3)	Vitesse
Fuel Capacity	650 L	Capacité de carburant
Maximum road range	500 km	Autonomie
Ground pressure	0.94 kg/cm²	Pression au sol

SPZ MARDER A5
VÉHICULE DE COMBAT D'INFANTERIE

2002

Entre 2002 et 2005, soixante-quatorze exemplaires de Marder sont mis au niveau A5. La protection latérale des trains de roulement et le plancher anti-mines sont renforcés. Le SPz Marder A5 est appelé à rester en service jusqu'à son remplacement complet par le SPz Puma. La production totale des SPz Marder, entre 1971 et 1983, s'élève à 2 136 exemplaires. Le Marder, qui n'a jamais été exporté, constitue une offre sur le marché des VCI d'occasion. Il est proposé dans sa configuration A3 ou équipé d'une tourelle armée d'un canon Mauser 30-2 de 30 mm et d'une 7,62 mm en coaxiale.

Between 2002 and 2005, 74 specimens of the Marder were updated to the A5 level. The side protection over the rolling gear and the anti-mine floor plating are reinforced. The SPz Marder A5 was to remain in service until its complete replacement by the SPz Puma. The production of SPz Marder, between 1971 and 1983, rises to 2136 specimens. The Marder, which was never exported, constitutes an offer on the market for used VCI's. It is proposed in it's A3 configuration or equipped with a turret armed with a 30 mm Mauser 30-2 gun with a 7,62 mm coaxial.

SPZ MARDER A5

INFANTRY FIGHTING VEHICLE

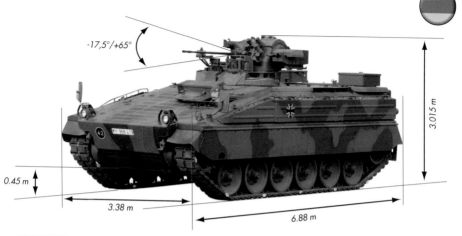

-17,5°/+65°

3.015 m

0.45 m

3.38 m

6.88 m

Cannon	20 mm MK20 DM6	Canon
Coaxial machine gun	7.62 mm MG3A1	Mitrailleuse Coaxiale
Antitank weapons	MILAN	Capacité antichar
Other weapons	-	Autre armement
Smoke grenades	6	Grenade fumigène
Ammunition	1 250 x 20 mm 5 000 x 7.62 mm 5 x MILAN	Munition
Crew	3 + 6	Equipage
Weight	37.5 t	Poids en ordre de combat
Engine, Power	MTU MB 833 Ea-500 diesel, 600 ch	Groupe motopropulseur, Puissance
Rapport power / Weight	16 ch/t	Rapport puissance / Masse
Speed	65 km/h	Vitesse
Fuel Capacity	650 L	Capacité de carburant
Maximum road range	500 km	Autonomie
Ground pressure	0.98 kg/cm²	Pression au sol

SPZ PUMA

VÉHICULE DE COMBAT D'INFANTERIE

Le programme de développement du Schützenpanzer Puma est lancé en 2002 pour remplacer les Marder. Les premiers SPz Puma sont mis en service dans l'armée allemande en décembre 2010. Dès sa conception, le véhicule est conçu avec deux niveaux de protection. Niveau A : véhicule de 31,45 tonnes, protection contre les projectiles de 30 mm de face et 14,5 mm de flanc. Niveau C : 40,7 tonnes avec un kit de surblindage, protection 30 mm sur le flanc et sous-munitions anti-personnelles au toit. Le moteur, MTU V10 de 1088 chevaux, lui procure une excellente mobilité. La tourelle inhabitée téléguidée est armée d'un canon de 30 mm. La livraison des 405 blindés est échelonnée jusqu'à 2020.

The development program for the Schützenpanzer Puma is launched in 2002 to replace the Marder. The first SPz Pumas are put into service in the German army in December of 2010. Since its beginnings, the vehicle is designed with two levels of protection. Level A, vehicle weighing 31,45 t, protection against projectiles up to 30 mm in the front and 14,5 mm on the side. Level C, 40,7 t with a kit of additional armor plating, protection against 30 mm on the side and anti-personnel sub munitions on the roof. The engine, MTU V10 with 1088hp, allows for an excellent mobility. The radio-controlled uninhabited turret is armed with a 30 mm gun. The delivery of the 405 vehicles ordered is spread out up to 2020.

SPZ PUMA

INFANTRY FIGHTING VEHICLE

2010

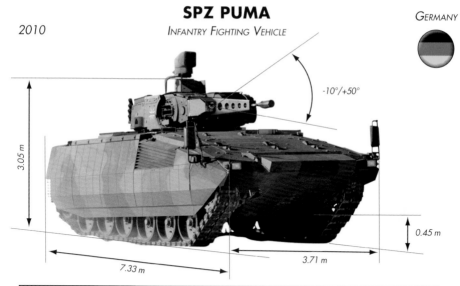

-10°/+50°

3.05 m

0.45 m

7.33 m

3.71 m

Cannon	30 mm MK30-2/ABM	Canon
Coaxial machine gun	5.56 mm MG4	Mitrailleuse Coaxiale
Antitank weapons	EuroSpike	Capacité antichar
Other weapons	5.56 mm + lance-grenade 40 mm	Autre armement
Smoke grenades	8	Grenade fumigène
Ammunition (Ready to fire)	400 (200) x 30 mm 1 000 (1 000) x 5.56 mm 2 x EuroSpike	Munition (Prêt au tir)
Crew	3 + 6	Equipage
Weight	31.45 t (40.7 t Puma C)	Poids en ordre de combat
Engine, Power	MTU, 1 088 ch	Groupe motopropulseur, Puissance
Rapport power / Weight	34 ch/t (26 ch/t Puma C)	Rapport puissance / Masse
Speed	70 km/h	Vitesse
Fuel Capacity	1 050 L*	Capacité de carburant
Maximum road range	600 km	Autonomie
Ground pressure	0.9 kg/cm² (1.22 kg/cm² Puma C)	Pression au sol

* Estimation.

AMX-10P
VÉHICULE DE COMBAT D'INFANTERIE

Le développement de l'AMX-10P commence en 1965 dans l'Atelier de Construction d'Issy-les-Moulineaux. Après les premiers prototypes sortis en 1968, il entre en service en 1973 pour remplacer les AMX-13VCI. La tourelle biplace est armée d'un canon GIAT M693 de 20 mm monté en superstructure. Avec la caisse en aluminium, l'engin est amphibie et propulsé dans l'eau avec deux hydrojets. Le GMP, BV et les propulsions nautiques sont identiques aux AMX-10RC. De 2006 à 2009, cent huit exemplaires suivent un programme de valorisation portant sur l'amélioration de la protection et de la mobilité. La capacité amphibie est supprimée. A partir de 2009, il est progressivement remplacé par le VBCI.

The development of the AMX-10P began in 1965 in the Engineering department of Issy-Les-Moulineaux. After the release of the first prototypes in 1968, it enters into service in 1973 to replace the AMX-13VCI. The two-seater turret is armed with a GIAT M693 20 mm gun assembled in superstructure. With the aluminum case the machine is amphibious and is propelled in the water by two hydro jets. The rolling gear, transmission system and the nautical propulsion are identical to that of AMX-10RC. From 2006 to 2009, 108 specimens underwent a revalorization program related to the improvement of protection and mobility. The amphibious capabilities were removed. From 2009 on it is gradually replaced by the VBCI.

AMX-10P

Infantry Fighting Vehicle

France

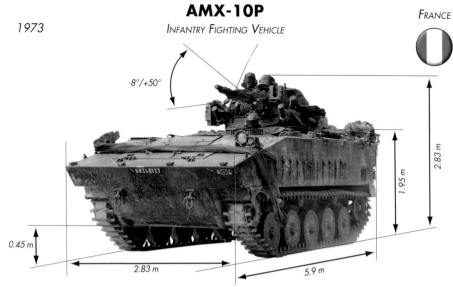

-8°/+50°

2.83 m

1.95 m

2.83 m

0.45 m

5.9 m

Cannon	20 mm M693	Canon
Coaxial machine gun	7.62 mm ANF1	Mitrailleuse Coaxiale
Antitank weapons	-	Capacité antichar
Other weapons	-	Autre armement
Smoke grenades	2 x 2	Grenade fumigène
Ammunition	760 x 20 mm 2 000 x 7.62 mm	Munition
Crew	3 + 8	Equipage
Weight	14.5 t	Poids en ordre de combat
Engine, Power	Hispano-Suiza HS-115 diesel, 280 ch	Groupe motopropulseur, Puissance
Rapport power / Weight	19.3 ch/t	Rapport puissance / Masse
Speed / Water speed	65 km/h / 7 km/h	Vitesse / Vitesse dans l'eau
Fuel Capacity	528 L	Capacité de carburant
Maximum road range	500 km	Autonomie
Ground pressure	0.53 kg/cm²	Pression au sol

AIFV, YPR-765, K-200, ACV-300
Véhicule de Combat d'Infanterie

L'AIFV, *Armoured Infantry Fighting Vehicle,* est développé en 1967 sous le nom XM-765 dans le programme du futur VCI américain. Il est conçu sur la base du M-113, dont il a 80 % des pièces en commun. L'armée américaine le rejette car elle le juge insuffisamment performant. En 1975, les Pays-Bas le commande sous le nom d'YPR-765. Il entre en service en 1978 en plusieurs versions, notamment avec la tourelle monoplace Oerlikon, armée du canon KBA-B02 de 25 mm. A partir de 1982, l'AIFV est produit en Belgique sous licence. Dès 1985, il est fabriqué en Corée du Sud sous le nom K-200. En 1990, la Turquie le produit sous le nom AIFV, ZMA ou plus récemment ACV-300. La tourelle Dragar de GIAT est utilisée sur une partie des AIFV.

The AIFV, Armoured Infantry Fighting Vehicle, is developed in 1967 under the name XM-765 during the future American IFV program. Its design was based on the M-113, having 80% of its pieces in common. The American army did not accept, considering it to be un-successful in performance. In 1975, Netherlands ordered it under the name of YPR-765. It entered into service in 1978 in several different versions, notably with the single Oerlikon turret, armed with a 25 mm KBA-B02 cannon. From 1982 on, the AIFV is produced under license in Belgium. Beginning in 1985, it is manufactured in South Korea under the name K-200. In 1990, Turkey produces it under the name AIFV, ZMA or more recently ACV-300. GIAT's Dragar turret is used on some of the AIFVs.

AIFV, YPR-765, K-200, ACV-300

INFANTRY FIGHTING VEHICLE

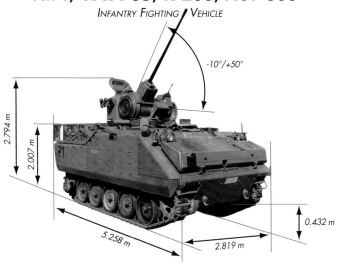

-10°/+50°

2.794 m

2.007 m

0.432 m

5.258 m

2.819 m

Cannon	25 mm Oerlikon KBA-B02	Canon
Coaxial machine gun	7.62 mm	Mitrailleuse Coaxiale
Antitank weapons	-	Capacité antichar
Other weapons	-	Autre armement
Smoke grenades	6	Grenade fumigène
Ammunition (Ready to fire)	324 (180) x 25 mm 1 840 (230) x 7.62 mm	Munition (Prêt au tir)
Crew	3 + 7	Equipage
Weight	13.68 t	Poids en ordre de combat
Engine, Power	6V-53T diesel, 264 ch	Groupe motopropulseur, Puissance
Rapport power / Weight	19.3 ch/t	Rapport puissance / Masse
Speed / Water speed	61 km/h / 6 km/h	Vitesse / Vitesse dans l'eau
Fuel Capacity	416 L	Capacité de carburant
Maximum road range	500 km	Autonomie
Ground pressure	0.67 kg/cm²	Pression au sol

M2 BRADLEY, M2A1 BRADLEY

Véhicule de Combat d'Infanterie

1981

Le programme du futur VCI de l'US Army commence au début des années 1960 et connaît de nombreux changements. Les premiers prototypes sont présentés en 1978. Il entre en production en mai 1981 sous le nom de M2 Bradley, en hommage au général Omar Bradley. La tourelle biplace est armée d'un canon M242 Bushmaster de 25 mm. La caisse possède deux trappes de tir de chaque côté et deux à l'arrière. Cette version est souvent appelée « A0 ». La version M2A1 démarre en 1986, incluant le missile TOW2, les nouvelles munitions de 25 mm, un système NBC amélioré et une protection anti-mines supplémentaire.

The US ARMYs future American IFV program started in the beginning of the 1960's and saw a number of changes. The first prototypes were presented in 1978. They entered into production in May of 1981 under the name M2 Bradley, in homage to the general Omar Bradley. The two-seater turret is armed with a 25 mm M242 Bushmaster cannon. The hull possesses two firing traps on either side and two in the back. This version is often called "A0". The M2A1 version is lanced in 1986, including the missile TOW2, newer 25 mm ammunition, an improved NBC system and supplementary anti-mine protection.

M2 BRADLEY, M2A1 BRADLEY

1981

INFANTRY FIGHTING VEHICLE

-10°/+60° canon
-20°/+30° TOW

2.565 m

2.972 m

0.46 m

3.2 m
(2.97 m aux chenilles)

6.55 m

Cannon	25 mm M242 Bushmaster	Canon
Coaxial machine gun	7.62 mm M240	Mitrailleuse Coaxiale
Antitank weapons	2 x TOW (2 x TOW2 M2A1)	Capacité antichar
Other weapons	3 x LAW	Autre armement
Smoke grenades	2 x 4	Grenade fumigène
Ammunition (Ready to fire)	900 (300) x 25 mm 4 000 x 7.62 mm + 3 700 x 5.56 mm 7 x TOW	Munition (Prêt au tir)
Crew	3 + 6 (3 + 7 M2A1)	Equipage
Weight	22.6 t (22.8 t M2A1)	Poids en ordre de combat
Engine, Power	Cummins VTA-903T diesel, 500 ch	Groupe motopropulseur, Puissance
Rapport power / Weight	16.7 ch/t	Rapport puissance / Masse
Speed / Water speed	65 km/h / 7.2 km/h	Vitesse / Vitesse dans l'eau
Fuel Capacity	662 L	Capacité de carburant
Maximum road range	550 km	Autonomie
Ground pressure	0.55 kg/cm²	Pression au sol

M2A2 BRADLEY, M2A3 BRADLEY

VÉHICULE DE COMBAT D'INFANTERIE

1988

Le M2A2 Bradley est produit à partir de mai 1988. Les nouvelles améliorations augmentent les capacités de survie au combat. Il reçoit un nouveau moteur de 600 chevaux, un surblindage en acier et des plaques en kevlar. Le programme M2A2 ODS, *Opération Desert Storm*, incorpore de nombreux équipements dont : système de navigation GPS, télémètre laser, système de contre-mesure anti-missile. Le programme M2A3, commencé en 2000, se porte essentiellement sur la numérisation de l'espace de bataille et transmission de données. Un bloc optique tout azimut est installé sur la partie arrière droite de la tourelle. Les M2A2 ODS-SA, *Situational Awareness*, version modernisé des M2A2 ODS, sont mis en service à partir de juin 2012.

The M2A2 Bradley is produced starting in May of 1988. The new improvements increase combat survival ratio. It is given a new 600hp engine, supplementary steel armor plating and Kevlar plates on the hull and turret. The M2A2 ODS (Operation Desert Storm) program incorporates a number of accessories: a GPS navigation system, laser rangefinder and an anti-missile countermeasure system. The M2A3 program, beginning in 2000, bases itself on the electronic battlefield and data transmission. A 360° optics system is installed on the back right hand side of the turret. All Bradley models are standardized M2A2 or M2A3.

M2A2 BRADLEY, M2A3 BRADLEY

INFANTRY FIGHTING VEHICLE

1988

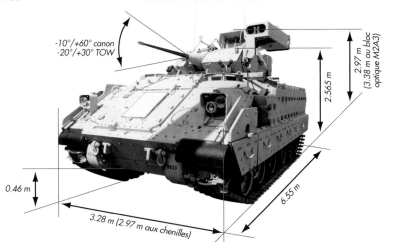

-10°/+60° canon
-20°/+30° TOW

2.565 m

2.97 m
(3.38 m au bloc
optique M2A3)

6.55 m

0.46 m

3.28 m (2.97 m aux chenilles)

Cannon	**25 mm M2A2 Bushmaster**	Canon
Coaxial machine gun	**7.62 mm M240C**	Mitrailleuse Coaxiale
Antitank weapons	**2 x TOW2**	Capacité antichar
Other weapons	**3 x LAW**	Autre armement
Smoke grenades	**2 x 4**	Grenade fumigène
Ammunition (Ready to fire)	**900 (300) x 25 mm** **4400 (800) x 7.62 mm + 5040 x 5.56 mm** **7 (2) x TOW2 ou 2 x TOW2 + 5 Dragon**	Munition (Prêt au tir)
Crew	**3 + 7**	Equipage
Weight	**29.9 t (32.886 t M2A3)**	Poids en ordre de combat
Engine, Power	**Cummins VTA-903T diesel, 600 ch**	Groupe motopropulseur, Puissance
Rapport power / Weight	**17.9 ch/t**	Rapport puissance / Masse
Speed / Water speed	**61 km/h / 6.4 km/h**	Vitesse / Vitesse dans l'eau
Fuel Capacity	**662 L**	Capacité de carburant
Maximum road range	**400 km**	Autonomie
Ground pressure	**0.79 kg/cm²**	Pression au sol

M3 BRADLEY, M3A3 BRADLEY

Véhicule Blindé de Reconnaissance

1981

Le M3 Bradley est développé pour les missions de reconnaissance. Le projet M3 CFV, *Cavalry Fighting Vehicle,* rejoint le programme du M2 IFV dès le début du développement. Il est très similaire à ce dernier. La quantité de munition est augmentée pour une meilleure autonomie au combat. Le nombre de fantassins embarqués est réduit et les trappes de tir sont supprimées dès la première version. L'engin bénéficie de toutes les modernisations apportées aux véhicules de l'infanterie. Après les M3, M3A1, M3A2 et M3A2 ODS, la version M3A3 est la plus perfectionnée.

The M3 Bradley is developed for reconnaissance missions. The M3 CFV project, Cavalry Fighting Vehicle, joined the M2 IFV program in the beginning of its development. It is very similar to the latter. The ammunition capacity is increased for improved autonomy during combat. The number of embarked foot soldiers is reduced and the firing traps were eliminated straight after the first version. The vehicle benefits from all the modernizations brought to other infantry vehicles. After the M3, M3A1, M3A2, M3A2 ODS, the M3A3 is the most perfected version.

M3 BRADLEY, M3A3 BRADLEY

RECONNAISSANCE FIGHTING VEHICLE

1981

2.97 m au bloc
(3.38 m au bloc optique du M3A3)

2.565 m

-10°/+60° canon
-20°/+30° TOW

0.46 m

6.55 m

3.28 m
(2.97 m aux chenilles)

Cannon	**25 mm M2A2 Bushmaster**	Canon
Coaxial machine gun	**7.62 mm M240C**	Mitrailleuse Coaxiale
Antitank weapons	**2 x TOW2**	Capacité antichar
Other weapons	**3 x AT-4**	Autre armement
Smoke grenades	**2 x 4**	Grenade fumigène
Ammunition (Ready to fire)	**1500 (300) x 25 mm 4200 (800) x 7.62 mm, 1680 x 5.56 mm 12 (2) x TOW2**	Munition (Prêt au tir)
Crew	**3 + 2**	Equipage
Weight	**22 t (30.39 t M3A3)**	Poids en ordre de combat
Engine, Power	**Cummins VTA-903T diesel, 600 ch**	Groupe motopropulseur, Puissance
Rapport power / Weight	**17.9 ch/t**	Rapport puissance / Masse
Speed / Water speed	**61 km/h / 6.4 km/h**	Vitesse / Vitesse dans l'eau
Fuel Capacity	**662 L**	Capacité de carburant
Maximum road range	**400 km**	Autonomie
Ground pressure	**0.73 kg/cm²**	Pression au sol

EFV, AAAV

Véhicule de Combat Amphibie

2003 PROTOTYPE

En juin 1996, GDLS signe le contrat de développement de l'AAAV, *Advanced Amphibious Assault Vehicle*. Il doit répondre à la stratégie « Over the horizon » : la mise à l'eau des véhicules amphibies par les navires de transport à une distance hors d'atteinte par la défense côtière. En 2003, le projet est rebaptisé EFV, *Expeditionary Fighting Vehicle*. Le moteur développe 850 chevaux sur terre et 2 800 chevaux en navigation. Le train de roulement est rétracté pour réduire la résistance d'eau et le pare-lame est déployé afin d'obtenir une forme hydrodynamique. Avec deux puissants hydrojets, il atteint une vitesse de 46 km/h sur l'eau. La complexité technique engendrant de nombreux retards et surcoûts, sa sortie est prévue après 2015.

In June of 1996, GDLS signs the development contract for the AAAV, Advanced Amphibious Assault Vehicle. It has to answer to the «Over the horizon» strategy: amphibious vehicles are placed in the water by transport vessels out of the coastal defenses reach. In 2003, the project is renamed EFV, Expeditionary Fighting Vehicle. The engine develops 850hp on the ground and 2800hp during water navigation. The running gear is retracted to reduce resistance created by the water and a front panel is deployed to obtain a hydrodynamic shape. With two powerful hydro jets, it reaches speeds up to 46 km/h on the water. Technical complexity engenders numerous delays; its release is foreseen after 2015.

EFV, AAAV

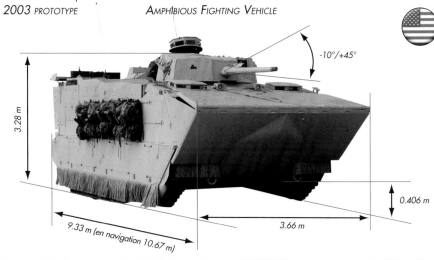

2003 PROTOTYPE

Amphibious Fighting Vehicle

USA

3.28 m

-10°/+45°

0.406 m

9.33 m (en navigation 10.67 m)

3.66 m

Cannon	30 mm MK44	Canon
Coaxial machine gun	7.62 mm	Mitrailleuse Coaxiale
Antitank weapons	-	Capacité antichar
Other weapons	-	Autre armement
Smoke grenades	2 x 4	Grenade fumigène
Ammunition (Ready to fire)	405 (215) x 30 mm 1 400 (650) x 7.62 mm	Munition (Prêt au tir)
Crew	3 + 17	Equipage
Weight	34,473 t	Poids en ordre de combat
Engine, Power	MTU MT 883 Ka-523 diesel, 850 ch / 2800 ch	Groupe motopropulseur, Puissance
Rapport power / Weight	34.476 ch/t	Rapport puissance / Masse
Speed / Water speed	72.41 km/h / 46 km/h	Vitesse / Vitesse dans l'eau
Fuel Capacity	1 226 L	Capacité de carburant
Maximum road range	523 km	Autonomie
Ground pressure	0.625 kg/cm²	Pression au sol

SAURER 4K 4FA, MK66SPZ

VÉHICULE BLINDÉ TRANSPORT DE TROUPES

1961

Le Schützenpanzer 4F 4FA est développé pour l'armée autrichienne par la société Saurer, repris par Steyr-Daimler-Puch. Le dessin et les performances sont très similaires au SPz 12-3 (HS30) allemand, produit entre 1958 et 1962. Les premiers prototypes sont réalisés en 1958. Le 4F 4FA est mis en service en 1961 sous le nom de SPz A1. Plusieurs versions du véhicule sont fabriquées, dont soixante-seize exemplaires du MK66SPz, *Schützenpanzer/Maschinenkanone 66*. Il est équipé d'une tourelle monoplace armée d'un canon Oerlikon de 20 mm. Avec un poids de 15 tonnes et une taille réduite, le véhicule possède une protection contre un calibre de 20 mm sur l'arc frontal. A l'instar du SPz 12-3, il n'est pas protégé NBC.

Schützenpanzer 4F 4FA is developed for the Austrian army by the Saurer company, taken over by Steyr-Daimler-Puch. The design and the performances are very similar to the German SPz 12-3 (HS30), produced between 1958 and 1962. The first prototypes were realized in 1958. The 4F 4FA is put into service in 1961 under the name SPz A1. Several versions of the vehicle are made, 76 copies of the MK66SPZ and 66 Schützenpanzer/ Maschinenkanone. It is equipped with a single place turret armed with a 20 mm Oerlikon cannon. With a weight of 15 tons and a reduced size, the vehicle is protected against a caliber up to 20 mm on the frontal arc. Following in the footsteps of the SPz 12-3, it does not have NBC protection.

SAURER 4K 4FA, MK66SPZ

1961

ARMOURED PERSONNEL CARRIER

-12°/+70°

2.1 m (1.65 m à la caisse)

0.42 m

2.5 m

5.4 m

Cannon	20 mm Oerlikon Contraves 204GK	Canon
Coaxial machine gun	-	Mitrailleuse Coaxiale
Antitank weapons	-	Capacité antichar
Other weapons	-	Autre armement
Smoke grenades	-	Grenade fumigène
Ammunition	100 x 20 mm	Munition
Crew	2 + 8	Equipage
Weight	15 t	Poids en ordre de combat
Engine, Power	Saurer 4FA diesel, 250 ch	Groupe motopropulseur, Puissance
Rapport power / Weight	16.67 ch/t	Rapport puissance / Masse
Speed	65 km/h	Vitesse
Fuel Capacity	184 L	Capacité de carburant
Maximum road range	370 km	Autonomie
Ground pressure	0.52 kg/cm²	Pression au sol

ASCOD PIZARRO
VÉHICULE DE COMBAT D'INFANTERIE

2001

ASCOD, *Austrian-Spanish Co-operative Development,* est un projet commun à l'Autriche et à l'Espagne de développement d'un nouveau VCI. Les premiers prototypes sont réalisés en 1992. Il est commandé par l'Espagne en 1998 et entre en service en 2001 sous le nom de Pizarro. La version autrichienne porte le nom d'Ulan. Au total, 356 exemplaires sont livrés à l'armée espagnole, dont 283 en version VCI. L'armement principal est identique pour les deux véhicules, l'armement secondaire et les équipements sont propres à chaque pays. Un certain nombre de Pizarro sont équipés d'un surblindage réactif. La Thaïlande a commandé quinze exemplaires d'ASCOD en version LT-105, *Light Tank,* armé d'un canon de 105 mm.

The ASCOD, Austrian-Spanish Co-operative Development, is a joint project between Austria and Spain for the development of a new VCI. The first prototypes are constructed in 1992. It is ordered by Spain in 1998 and enters in service in 2001 bearing the name Pizarro. The Austrian version bears the name Ulan. On the whole, 356 copies are delivered to the Spanish army, 283 of which are the VCI version. The principal armament is identical for the two vehicles, the secondary armament and the equipment is specific to each country. A certain number of Pizarros are equipped with reactive armor plating. Thailand ordered 15 specimens of the ASCOD Light Tank LT-105, armed with a 105 mm gun.

ASCOD PIZARRO

Infantry Fighting Vehicle

Austria / Spain

2.653 m
1.775 m

-10°/+50°

0.45 m

3.15 m

6.986 m

Cannon	30 mm Mauser MK30	Canon
Coaxial machine gun	7.62 mm	Mitrailleuse Coaxiale
Antitank weapons	-	Capacité antichar
Other weapons	-	Autre armement
Smoke grenades	2 x 6	Grenade fumigène
Ammunition (Ready to fire)	405 (200) x 25 mm 2 900 (700) x 7.62 mm	Munition (Prêt au tir)
Crew	3 + 8	Equipage
Weight	28 t	Poids en ordre de combat
Engine, Power	MTU 8V 183 TE-22 diesel, 600 ch	Groupe motopropulseur, Puissance
Rapport power / Weight	21.8 ch/t	Rapport puissance / Masse
Speed	70 km/h	Vitesse
Fuel Capacity	650 L	Capacité de carburant
Maximum road range	600 km	Autonomie
Ground pressure	0.67 kg/cm²	Pression au sol

ASCOD SPZ ULAN
VÉHICULE DE COMBAT D'INFANTERIE

2002

ASCOD, *Austrian-Spanish Co-operative Development,* est un projet commun à l'Autriche et à l'Espagne de développement d'un nouveau VCI. Les premiers prototypes sont réalisés en 1992. Il est commandé par l'Autriche en avril 1999 et entre en service en 2002 sous le nom de Schützenpanzer SPz Ulan. La version espagnole porte le nom de Pizarro. 112 exemplaires sont fabriqués pour les besoins de l'armée autrichienne. La tourelle biplace est stabilisée et armée d'un canon Mauser MK-30-2. La cadence de tir est de huit cents coups par minute. Le moteur, plus puissant que celui du Pizarro, est un MTU-8V-199 de 720 chevaux. Il peut recevoir un surblindage additionnel. Pour plus de discrétion, la peinture extérieure a la capacité d'absorber les ondes radar.

ASCOD, *Austrian-Spanish Co-operative Development,* is a joint project between Austria and Spain for the development of a new VCI. The first prototypes were realized in 1992. It was ordered by Austria in April of 1999 and enters in service in 2002 under the name Schützenpanzer SPz Ulan. The Spanish version bears the name Pizarro. 112 specimens are manufactured based on the needs of the Austrian army. The two-seater turret is stabilized and armed with the Mauser MK-30-2 cannon. Rate of fire: 800 rounds per minute. The engine, more powerful than that of the Pizarro, is a 720hp MTU-8V-199. It allows the addition of extra armor plates as needed. For more discretion, the paint used on the exterior has the capacity to absorb radar waves.

ASCOD SPZ ULAN

INFANTRY FIGHTING VEHICLE

2002

-10°/+50°

2.653 m

0.45 m

6.986 m

3.15 m

Cannon	30 mm Mauer MK30	Canon
Coaxial machine gun	7.62 mm	Mitrailleuse Coaxiale
Antitank weapons	-	Capacité antichar
Other weapons	-	Autre armement
Smoke grenades	2 x 6	Grenade fumigène
Ammunition (Ready to fire)	405 (200) x 25 mm 2 800 (600) x 7.62 mm	Munition (Prêt au tir)
Crew	3 + 8	Equipage
Weight	29.1 t	Poids en ordre de combat
Engine, Power	MTU 8V-199-TE20 diesel, 720 ch	Groupe motopropulseur, Puissance
Rapport power / Weight	28.6 ch/t	Rapport puissance / Masse
Speed	73 km/h	Vitesse
Fuel Capacity	650 L	Capacité de carburant
Maximum road range	500 km	Autonomie
Ground pressure	0.69 kg/cm²	Pression au sol

FV-510 WARRIOR, MCV-80

VÉHICULE DE COMBAT D'INFANTERIE

1986

Le FV-510 est développé dans les années 70 sous le nom de MCV-80, *Mechanised Combat Vehicle*. Il entre en service dans l'armée anglaise en 1986. L'engin est équipé d'une tourelle biplace armée d'un canon L-21A1 Rarden de 30 mm. Les plaques de sur-blindage sont montées pour augmenter la protection balistique. En 1993, le Koweït commande 254 Desert Warrior, dont 236 en version VCI. Il est équipé d'une tourelle, dérivée du LAV-25, avec un canon de 25 mm et un missile TOW de chaque côté. Une version modernisée est proposée avec un canon de 40 mm tirant des munitions télescopiques.

FV-510 is developed in the 70s under the name MCV-80, Mechanised Combat Vehicle. It entered into service in the English army in 1986. The vehicle is equipped with a two-seater turret armed with a 30 mm L-21 A1 Rarden cannon. Additional armor plates were installed to increase ballistic protection. In 1993, Kuwait ordered 254 Desert Warriors, 236 in the version VCI. It is equipped with a derivation of the LAV-25s' turret, with a 25 mm cannon and a TOW missile on each side. A modernized version is proposed with 40 mm stabilized Case-Telescoped Weapons System (CTWS) cannon.

FV-510 WARRIOR, MCV-80

INFANTRY FIGHTING VEHICLE

1986

-10°/+45°

2.79 m (1.93 m caisse)

0.49 m

3.03 m

6.34 m

Cannon	30 mm L-21A1 Rarden	Canon
Coaxial machine gun	7.62 mm L94A1	Mitrailleuse Coaxiale
Antitank weapons	-	Capacité antichar
Other weapons	8 x LAW-80	Autre armement
Smoke grenades	2 x 4	Grenade fumigène
Ammunition	250 x 30 mm 2 200 x 7.62 mm	Munition
Crew	3 + 7	Equipage
Weight	24.5 t (28 t avec surblindage)	Poids en ordre de combat
Engine, Power	Perkins CV8 diesel, 550 ch	Groupe motopropulseur, Puissance
Rapport power / Weight	22.4 ch/t (19.6 ch/t avec surblindage)	Rapport puissance / Masse
Speed	75 km/h	Vitesse
Fuel Capacity	770 L	Capacité de carburant
Maximum road range	660 km	Autonomie
Ground pressure	0.69 kg/cm²	Pression au sol

FRES SV SCOUT VERSION

VÉHICULE BLINDÉ DE RECONNAISSANCE

Pour remplacer les véhicules de reconnaissance FV-107 CVR-T Scimitar, le Royaume-Uni lance le programme FRES-SV, *Future Rapid Effect System Specialist Vehicle*. En mars 2010, l'ASCOD-2 IFV est retenu comme le châssis de base pour ce projet. L'ASCOD-2 est une version évoluée de l'ASCOD, avec la protection balistique et anti-mines renforcée et le moteur plus puissant. La tourelle biplace et stabilisée est armée d'un canon de 40 mm CTAS, *Cased Telescoped Armament System*. Il est prévu qu'il entre en service dès 2015. Scout Version, destiné pour la reconnaissance, sera le premier d'une série de véhicules de combat sur le même châssis.

To replace the FV-107 CVR-T Scimitar recon vehicles, the United Kingdom launched the FRES-SV program, Future Rapid Effect System Specialist Vehicle. In March of 2010, the ASCOD-2 IFV was retained as the basic hull for this project. ASCOD-2 is an advanced version of the ASCOD with reinforced ballistic and anti-mine protection plus a more powerful engine. The two-seater and stabilized turret is armed with a standard 40 mm CTAS cannon, Case Telescoped Armament System. It is expected to enter into service starting in 2015. The Scout version, intended for recon, will be the first of a series of fighting vehicles utilizing the same hull.

FRES SV SCOUT VERSION

RECONNAISSANCE FIGHTING VEHICLE

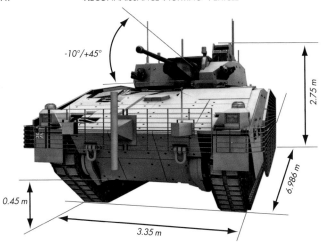

-10°/+45°

2.75 m

6.986 m

0.45 m

3.35 m

Cannon	**40 mm CTAS**	Canon
Coaxial machine gun	**7.62 mm**	Mitrailleuse Coaxiale
Antitank weapons	**-**	Capacité antichar
Other weapons	**-**	Autre armement
Smoke grenades	**2 x 6**	Grenade fumigène
Ammunition	**300 x 40 mm** **2 900 x 7.62 mm**	Munition
Crew	**3 + 8**	Equipage
Weight	**28 t**	Poids en ordre de combat
Engine, Power	**MTU, 800 ch**	Groupe motopropulseur, Puissance
Rapport power / Weight	**28.6 ch/t**	Rapport puissance / Masse
Speed	**70 km/h**	Vitesse
Fuel Capacity	**860 L**	Capacité de carburant
Maximum road range	**600 km**	Autonomie
Ground pressure	**0.7 kg/cm²**	Pression au sol

CV-9040, CV-9040C, STRF-90

VÉHICULE DE COMBAT D'INFANTERIE

En 1982, la Suède commence le développement d'un nouveau VCI, le CV-90. La fabrication débute en 1991 et les premiers véhicules entrent en service en 1993 sous le nom de Stridsfordon 90 ou Strf 90. Son châssis a servi de base pour toute une famille de véhicules de combat. Le châssis a le train de roulement de type Christie avec un système de tension des chenilles commandé depuis le poste de pilotage. L'armement est dérivé du célèbre canon antiaérien Bofors L-70B de 40 mm, avec le chargement par le bas. Le CV-9040C possède un canon stabilisé, un surblindage et une protection anti-mine renforcée. Il est notamment utilisé pour des missions extérieures.

In 1982, Sweden began the development of a new IFV, the CV 90. Its hull served as a base for a whole family of combat vehicles. Manufacturing began in 1991 and the first vehicles entered service in 1993 under the name Stridsfordon 90 or Strf 90. The hull has Christie type running gear with a chain tension system commanded by the pilot. The armament is derived from the famous 40 mm Bofors L-70B bottom loaded antiaircraft gun. The CV-9040C possesses a stabilized cannon, additional armor and strengthened anti-mine protection. It is used notably on exterior missions.

CV-9040, CV-9040C, STRF-90

INFANTRY FIGHTING VEHICLE

1993

-8°/+35°

2.55 m

1.64 à 1.73 m

0.45 m

3.01 m

6.471 m

Cannon	**40 mm Bofors L-70B**	Canon
Coaxial machine gun	**7.62 mm**	Mitrailleuse Coaxiale
Antitank weapons	-	Capacité antichar
Other weapons	-	Autre armement
Smoke grenades	**2 x 3**	Grenade fumigène
Ammunition (Ready to fire)	**234 (24) x 40 mm** **3 000 (600) x 7.62 mm**	Munition (Prêt au tir)
Crew	**3 + 8**	Equipage
Weight	**22.8 t (26 t CV-9040C)**	Poids en ordre de combat
Engine, Power	**Scania DS14 diesel, 550 ch**	Groupe motopropulseur, Puissance
Rapport power / Weight	**24.12 ch/t**	Rapport puissance / Masse
Speed	**70 km/h**	Vitesse
Fuel Capacity	**550 L**	Capacité de carburant
Maximum road range	**320 km**	Autonomie
Ground pressure	**0.53 kg/cm²**	Pression au sol

CV-9030 MKI, CV-9030 MKII, SPZ-2000

Véhicule de Combat d'Infanterie   *1995*

Dès sa conception, le CV-90 est développé pour pouvoir intégrer facilement différents tourelles, armements, et équipements. Dès 1995, la Norvège met en service le CV-9030N, armé d'un canon de 30 mm. Sur certains modèles, une coupole d'observation tout azimut est installée à l'arrière du châssis. En 2003, une partie des véhicules est améliorée au niveau des protections et des suspensions. Le modèle porte le nom de CV-9030 Mk I. En 2000, la Finlande et en 2002 la Suisse, passent commande pour le CV-9030 version Mk II. Dans l'armée suisse il est mis en dotation sous le nom de SPz 2000. Ce dernier subit de nombreuses améliorations, dont le système informatique digital.

Since its conception, the CV 90 was designed to be able to easily integrate various turrets weapons, and equipment. Beginning in 1995, Norway puts into service the CV-9030N, armed with a 30 mm cannon. On certain models, a 360° observation dome is installed on the back of the hull. In 2003, some of the vehicles were given improved protection and suspension, the model carries the name CV-9030 MkI. In 2000 Finland ordered and in 2002 Switzerland, the CV-9030 MkII version. The vehicle has a number of improvements such as the digital information processing system. In the Swiss army, is put in service under the name SPz 2000.

CV-9030 MKI, CV-9030 MKII, SPZ-2000

1995

INFANTRY FIGHTING VEHICLE

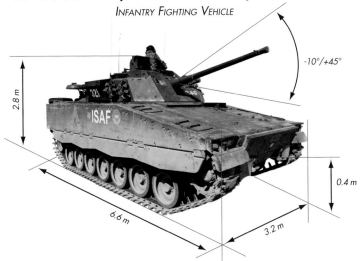

-10°/+45°

2.8 m

0.4 m

6.6 m

3.2 m

Cannon	30 mm Bushmaster II 30/40 Mk44	Canon
Coaxial machine gun	7.62 mm	Mitrailleuse Coaxiale
Antitank weapons	-	Capacité antichar
Other weapons	-	Autre armement
Smoke grenades	2 x 4	Grenade fumigène
Ammunition (Ready to fire)	400 (160) x 30 mm 3 800 (600) x 7.62 mm	Munition (Prêt au tir)
Crew	10 à 11	Equipage
Weight	24 à 28 t	Poids en ordre de combat
Engine, Power	Scania DS14 diesel, 612 à 680 ch	Groupe motopropulseur, Puissance
Rapport power / Weight	24.28 à 25.5 ch/t	Rapport puissance / Masse
Speed	70 km/h	Vitesse
Fuel Capacity	840 L	Capacité de carburant
Maximum road range	600 km	Autonomie
Ground pressure	0.6 à 0.7 kg/cm²	Pression au sol

CV-9035 MKIII

Véhicule de Combat d'Infanterie

2007

Le CV-9035 MkIII est une version améliorée du CV-90. L'accent est mis sur la protection et la mobilité. Le véhicule a le blindage renforcé, notamment contre les mines et les sous-munitions. La puissance du moteur est montée à 816 chevaux. Le CV-9035 MkIII est armé d'un canon Buchmaster III de 35 mm. Il est livré au Danemark entre 2007 et 2009 et aux Pays-Bas entre 2008 et 2011. Le modèle des Pays-Bas possède trois tonnes de surblindage supplémentaires. Il a la capacité *Hunter-Killer* et intègre une lunette thermique de troisième génération. En 2008, une version de reconnaissance, le CV-90RS, est développée. Le mât télescopique de sept mètres est surmonté de capteurs optiques et d'un radar. Le CV90 Armadillo APC est dévoilé en 2010.

The CV-9035 MkIII is an improved version of the CV-90. It is armed with a 35 mm Bushmaster III gun. Stress is put on protection and mobility. The vehicle has reinforced shielding; in particular against mines and sub munitions and the engine output is augmented to 816hp. It is delivered to Denmark between 2007 and 2009 and the Netherlands between 2008 and 2011. The model from the Netherlands has 3 tons of additional armor. It has the Hunter-Killer capacity and third generation thermal optics integrated. In 2008, a recon version, the CV-90RS, is developed. The telescopic mast of 7 meters is surmounted with optical sensors and radar. The CV-90 Armadillo APC is revealed in 2010.

CV-9035 MKIII

2007

INFANTRY FIGHTING VEHICLE

2.8 m

-8°/+37°
(-10°/+50° coaxial)

0.4 m

6.8 m

3.2 m

Cannon	35 mm Bushmaster III 35/50	Canon
Coaxial machine gun	7.62 mm	Mitrailleuse Coaxiale
Antitank weapons	-	Capacité antichar
Other weapons	-	Autre armement
Smoke grenades	2 x 3	Grenade fumigène
Ammunition (Ready to fire)	210 (70) x 35 mm 3 800 (600) x 7.62 mm	Munition (Prêt au tir)
Crew	3 + 7	Equipage
Weight	32 à 35 t	Poids en ordre de combat
Engine, Power	Scania DSI14 diesel, 816 ch	Groupe motopropulseur, Puissance
Rapport power / Weight	23.3 à 25.5 ch/t	Rapport puissance / Masse
Speed	70 km/h	Vitesse
Fuel Capacity	940 L	Capacité de carburant
Maximum road range	600 km	Autonomie
Ground pressure	0.78 à 0.85 kg/cm²	Pression au sol

VCC-80 DARDO
VÉHICULE DE COMBAT D'INFANTERIE 2002

Après avoir longtemps utilisé le M-113 américain, l'Italie commence à concevoir un VCI national en 1982. Le projet OTO C-13, réalisé en 1983, sert de base pour la conception du châssis. En 1985, le premier prototype est présenté sous le nom VCC-80, _Veicolo Corazzato da Combattimento_. Il est commandé en 1998. Les premiers des deux cents exemplaires sont livrés en mai 2002. Rapidement, la protection frontale du châssis et de la tourelle est améliorée. Le Dardo possède de nombreux équipements communs avec le véhicule à roue 8 x 8 B1 Centauro et le char C1. La tourelle Hitfist peut recevoir le missile antichar TOW. En 2010, une version améliorée et surprotégée est présentée avec une tourelle armée d'un canon de 30 mm.

Having for a long time used the American M-113s, in 1982 Italy begins the conception of a national IFV. The OTO C-13 project, realized in 1983, served as a base for the hull design. In 1985 the first prototype was presented under the name VCC-80, Veicolo Corazzato da Combattimento. It was ordered in 1998. The first of 200 copies were delivered in May of 2002. The frontal protection of the hull and the turret is rapidly improved. The Dardo possesses a number of common equipments with the 8x8 wheeled B1 Centauro and the C1 tank. The turret "Hitfist" can use the TOW antitank missile. In 2010 an improved and overprotected version is presented, the turret armed with a 30 mm cannon.

VCC-80 DARDO

INFANTRY FIGHTING VEHICLE

-10°/+60° canon
-7.5°/+30° TOW

2.64 m (1.75 m au châssis)

0.4 m

3.14 m

6.705 m

Cannon	25 mm Oerlikon Contraves KBA	Canon
Coaxial machine gun	7.62 mm	Mitrailleuse Coaxiale
Antitank weapons (Optional)	2 x TOW	Capacité antichar (Optionnel)
Other weapons	7.62 mm	Autre armement
Smoke grenades	2 x 4	Grenade fumigène
Ammunition (Ready to fire)	400 (200) x 25 mm 700 (1 200) x 7.62 mm	Munition (Prêt au tir)
Crew	3 + 6	Equipage
Weight	23 t	Poids en ordre de combat
Engine, Power	IVECO V6 MTCA diesel, 520 ch	Groupe motopropulseur, Puissance
Rapport power / Weight	22.6 ch/t	Rapport puissance / Masse
Speed	70 km/h	Vitesse
Fuel Capacity	620 L	Capacité de carburant
Maximum road range	500 km	Autonomie
Ground pressure	0.67 kg/cm²	Pression au sol

En 1974, l'Argentine fait appel aux constructeurs allemands pour développer une gamme de véhicules de combat. A partir du châssis du SPz Marder, le VCTP et le char léger TAM seront construits, ainsi que le véhicule de commandement VCPC, le porte mortier VCTM et le VCA 155 mm. Le VCTP, *Vehiculo de Combate Transporte de Personal,* est mis en service en 1979. La tourelle biplace, inspirée du 8 x 8 Luchs, est armée d'un canon Rheinmetall Rh-202 de 20 mm. Une mitrailleuse 7,62 mm est installée sur le toit de la tourelle et une autre, carénée, à l'arrière du véhicule. Le châssis possède des trappes de tir et quatre lance-grenades fumigènes. Le VCTP peut recevoir des fûts de carburant additionnels.

In 1974, Argentina called upon German manufacturers to develop a range of fighting vehicles. Using the frame of the SPz Marder as a base; the IFV VCTP, the light tank TAM, the command vehicle VCPC, the mortar carrier VCTM, and the 155 mm VCA were to be built. The VCTP, Vehiculo de Combate Transporte de Personal, was put into service in 1979. The two-seater turret, inspired by the 8x8 Luchs, is armed with a 20 mm Rheinmetall Rh-202 gun. A 7,62 mm machine-gun is installed on the roof of the turret, another mounted on the back of the frame. The hull has several firing traps and four smoke grenades launchers. The vehicle can carry additional barrels of fuel.

VCTP

Infantry Fighting Vehicle

-10°/+65°

2,45 m

,45 m

3,28 m

6,83 m

Cannon	20 mm Mk 20 Rh-202	Canon
Coaxial machine gun	-	Mitrailleuse Coaxiale
Antitank weapons	-	Capacité antichar
Other weapons	2 x 7.62 mm FN MAG	Autre armement
Smoke grenades	2 x 4	Grenade fumigène
Ammunition (Ready to fire)	1 400 (200) x 20 mm 5 000 x 7.62 mm	Munition (Prêt au tir)
Crew	3 + 9	Equipage
Weight	28.2 t	Poids en ordre de combat
Engine, Power	MTU MB 833 Ea-500 diesel, 720 ch	Groupe motopropulseur, Puissance
Rapport power / Weight	24 ch/t	Rapport puissance / Masse
Speed	75 km/h	Vitesse
Fuel Capacity	650 L (+ 400 L)	Capacité de carburant
Maximum road range	560 km (+ 350 km)	Autonomie
Ground pressure	0.77 kg/cm²	Pression au sol

TYPE-89
VÉHICULE DE COMBAT D'INFANTERIE

Le développement du VCI japonais par Mitsubishi commence en 1980. La production en série du Type-89 est lancée en 1989 et la mise en service se fait courant 1991. Le moteur de 600 chevaux est installé à l'avant gauche du châssis et le pilote est l'avant droite. L'armement principal est un canon KDE Oerlikon de 35 mm, produit au Japon sous le nom de L-90. La tourelle biplace possède deux lance-missiles filoguidés Kawasaki Jyu-Mat Type-79 d'une portée maximale de 4 000 mètres. Soixante-dix exemplaires sont fabriqués avec une production très échelonnée dans le temps.

The development of the Japanese IFV by Mitsubishi begins in 1980. The production in series of the Type-89 is launched in 1989; it is put into service in 1991. The 600hp engine is installed in front left of the hull and the pilot is in the front right. The main armament is a 35 mm KDE Oerlikon cannon, produced in Japan under the name "L-90". The two-seater turret possesses two Kawasaki Jyu-Mat Type 79 wire-guided missile launchers with a maximum range of 4000 meters. 70 copies are made with production spread out largely over time.

TYPE-89

INFANTRY FIGHTING VEHICLE

JAPAN

-8°/+35°*

2.75 m

2.5 m

0.45 m

3.2 m

6.72 m

Cannon	35 mm L-90	Canon
Coaxial machine gun	7.62 mm	Mitrailleuse Coaxiale
Antitank weapons	2 x Type-79	Capacité antichar
Other weapons	-	Autre armement
Smoke grenades	2 x 4	Grenade fumigène
Ammunition	300 x 35 mm* 2000 x 7.62 mm* 4 x Type-79*	Munition
Crew	3 + 7	Equipage
Weight	27 t	Poids en ordre de combat
Engine, Power	Type 6 SY 31 WA diesel, 600 ch	Groupe motopropulseur, Puissance
Rapport power / Weight	22.22 ch/t	Rapport puissance / Masse
Speed	70 km/h	Vitesse
Fuel Capacity	580 L*	Capacité de carburant
Maximum road range	400 km	Autonomie
Ground pressure	0.73 kg/cm²	Pression au sol

* Estimation.

BIONIX 25, BIONIX II

VÉHICULE DE COMBAT D'INFANTERIE

Le Bionix est développé par ST Kinetics pour l'armée singapourienne. La conception débute en 1988 et les qualités demandées sont : amphibie, bonne mobilité, protection contre 14,5 mm de face et contre 25 mm avec le surblindage et avoir une relativement faible largeur. Le prototype est réalisé en 1990, la production commence en 1997 et il est mis en service en juillet 1999. La tourelle biplace est armée d'un canon Bushmaster de 25 mm. Trois cents exemplaires sont produits jusqu'en 2001. Le Bionix-II, présenté en 2006, est armé d'un canon de 30 mm. Il possède un blindage amélioré, notamment contre les mines, il intègre la numérisation de l'espace de bataille, de nouvelles optiques, une caméra thermique et la climatisation.

Bionix is developed by ST KINETICS for the Singaporean army. The design began in 1988, required qualities were: amphibious, good mobility, protection against 14,5 mm in the front and against 25 mm with the additional armor plates and to have a narrow width. A prototype is realized in 1990, production begins in 1997, and it is put in service in July of 1999. The two-seater turret is armed with a standard 25 mm Bushmaster cannon. Three hundred copies are produced up until 2001. Bionix-II, presented in 2006, is armed with a standard 30 mm cannon. It possesses improved armor plating, notably against mines. It integrates battle field digitalization, newer optics, a thermal camera and air conditioning.

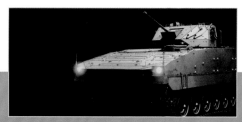

BIONIX 25, BIONIX II

INFANTRY FIGHTING VEHICLE

2.78 m

2.57 m

-8°/+50°

0.475 m

2.7 m
(2.77 m
Bionix II)

5.92 m (5.97 m Bionix II)

Cannon	25 mm M242 Bushmaster 30 mm M44 Bushmaster - Bionix II	Canon
Coaxial machine gun	7.62 mm	Mitrailleuse Coaxiale
Antitank weapons	-	Capacité antichar
Other weapons	7.62 mm	Autre armement
Smoke grenades	2 x 3	Grenade fumigène
Ammunition (Ready to fire)	630 (180) x 25 mm (475 x 30 mm Bionix II)* 2 800 x 7.62 mm	Munition (Prêt au tir)
Crew	3 + 7	Equipage
Weight	23 t (24.8 t Bionix II)	Poids en ordre de combat
Engine, Power	DDC 6V 92TA diesel, 475 ch	Groupe motopropulseur, Puissance
Rapport power / Weight	20 ch/t	Rapport puissance / Masse
Speed / Water speed	70 km/h / 5 km/h	Vitesse / Vitesse dans l'eau
Fuel Capacity	527 L	Capacité de carburant
Maximum road range	415 km	Autonomie
Ground pressure	0.76 kg/cm²	Pression au sol

* Estimation.

K-21, NIFV, K-300

Véhicule de Combat d'Infanterie

2009

Le programme NIFV, *Next Infantry Fighting Vehicle,* débute en 1999. Les trois premiers prototypes sont réalisés en 2005, sous le nom de K-300. Le blindage composite d'aluminium, céramique et fibre de verre, couvre la totalité du véhicule. L'engin est protégé contre les obus de 30 mm de face et 14,5 mm sur tout azimut. Le canon L70 de 40 mm possède un système de chargement original. Trois chargeurs de huit obus de différents types sont installés sous le canon. Ils sont alimentés par un chargement automatique en tambour installé dans le puit de la tourelle. Les premiers K-21 sont livrés en novembre 2009. Il est prévu de recevoir deux lance-missiles antichars à partir de 2014.

The NIFV program, Next Infantry Fighting Vehicle, began in 1999. The first three prototypes are constructed in 2005, under the name K-300. The aluminum, ceramics and fiberglass composite shielding, covers the totality of the vehicle. The machine is protected from shells up to 30 mm on the front and from 14,5 mm in all other directions. The 40 mm L70 gun has an original loading system. Three chargers of eight various types of shells are installed under the gun. They are fed by an automatic loading drum system installed in the well of the turret. The first K-21s were delivered in November of 2009. It is envisaged to receive two anti-tank missile launchers beginning in 2014.

K-21, NIFV, K-300

INFANTRY FIGHTING VEHICLE

-7°/+45°

2.6 m

0.4 m

6.9 m

3.4 m

Cannon	40 mm K40 / L70	Canon
Coaxial machine gun	7.62 mm M60 E4	Mitrailleuse Coaxiale
Antitank weapons (Develpoment)	2 x ATGM	Capacité antichar (Développement)
Other weapons	7.62 mm M60 ou 5.56 K3	Autre armement
Smoke grenades	2 x 3	Grenade fumigène
Ammunition (Ready to fire)	200 (24) x 40 mm 2000 x 7.62 mm ATGM	Munition (Prêt au tir)
Crew	3 + 9	Equipage
Weight	25 t	Poids en ordre de combat
Engine, Power	Doosan D2840LXE diesel, 750 ch	Groupe motopropulseur, Puissance
Rapport power / Weight	30 ch/t	Rapport puissance / Masse
Speed / Water speed	70 km/h / 7 km/h	Vitesse / Vitesse dans l'eau
Fuel Capacity	750 L	Capacité de carburant
Maximum road range	450 km	Autonomie
Ground pressure	0.77 kg/cm²	Pression au sol

YW-307, TYPE-89, ZSD-89
Véhicule Blindé Transport de Troupes

Le Type-89 ou ZSD-89 *(Zhang jia Syunshou zhan Dou,* transport blindé de combat), est conçu par Norinco pour remplacer les Type-63 (YW-531) vieillissants. Le développement commence en 1982 sous l'appellation YW-534. Les tests d'évaluation sur les trois premiers prototypes sont effectués en 1987 et 1989. La production est lancé en 1989. Il est mis en service en 1990 sous plusieurs versions, dont YW-307 armé d'un canon de 25 mm en superstructure destiné à l'appui de l'infanterie débarquée. Une tourelle identique équipe une partie des véhicules à roues 6 x 6 WZ-551. Le châssis possède cinq trappes de tir et des petites fenêtres d'observation. Le véhicule est amphibie et protégé NBC.

The Type-89 or ZSD-89 (Zhang jia Syunshou zhan Dou, armoured personnel carrier), is conceived by Norinco to replace the ageing Type-63 (YW-531). Development begins in 1982 under the name YW-534. Evaluations on the first three prototypes were made in 1987 and 1989. It is put into service in 1990 in several different versions. YW-307 is armed with a 25 mm cannon mounted in superstructure intended for the support of debarked infantry. An identical turret equips part of the 6x6 WZ-551 vehicles. The hull possesses five firing traps and small observation ports. The vehicle is amphibious and has NBC protection.

YW-307, TYPE-89, ZSD-89

ARMOURED PERSONNEL CARRIER

CHINA

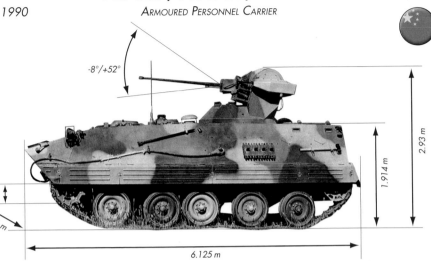

-8°/+52°

2.93 m

1.914 m

.46 m

3.1 m

6.125 m

Cannon	25 mm	Canon
Coaxial machine gun	7.62 mm	Mitrailleuse Coaxiale
Antitank weapons	-	Capacité antichar
Other weapons	12.7 mm Type-89	Autre armement
Smoke grenades	2 x 4	Grenade fumigène
Ammunition	400 x 25 mm 1 000 x 7.62 mm (1 120 x 12.7 mm Type-89)	Munition
Crew	3 + 7 (2 + 13 Type-89)	Equipage
Weight	15.4 t (13.6 t Type-89)	Poids en ordre de combat
Engine, Power	Dentz BF8L 413F diesel, 320 ch	Groupe motopropulseur, Puissance
Rapport power / Weight	20.78 ch/t (23.5 ch/t Type-89)	Rapport puissance / Masse
Speed / Water speed	65 km/h / 6 km/h	Vitesse / Vitesse dans l'eau
Fuel Capacity	480 + 300 L	Capacité de carburant
Maximum road range	500 km	Autonomie
Ground pressure	0.546 kg/cm	Pression au sol

TYPE-86 (WZ-501), TYPE-86 I (WZ-505)
Véhicule de Combat d'Infanterie

1992

Le Type-86 est une copie du BMP-1 soviétique. Il est développé par ingénierie inversée sous le nom WZ-501 *(Wu Zhuang,* armé blindé*)*. La production est mise en place en 1986 uniquement pour l'exportation. Finalement, il entre en service dans l'APL, Armée Populaire de Libération, en 1992. Comme le BMP, il est armé d'un canon de 73 mm et du missile 9M14M Malyutka (AT-3 Sagger), produit localement sous le nom HJ-73C. Le Type-86B, destiné aux fusiliers marins, possède un moteur hors-bord additionnel. De nombreuses modernisations sont proposées : le Type-86 I (WZ-505) est équipé d'une tourelle mono-place armée d'un canon de 25 mm, le Type-86G est armé d'un canon de 30 mm.

The Type-86 is a copy of the soviet BMP-1. It is developed by reverse engineering under the name WZ-501 (Wu Zhuang, armed armoured). Production started in 1986 only for exportation. Finally, it enters service in the PLA, People's Liberation Army, in 1992. Like the BMP, it is armed with a 73 mm cannon and a 9M14M Malyutka (AT-3 Sagger) missile, produced locally under the name HJ-73C. Type-86B, intended for the marines, possesses an additional outboard motor. Modernizations were proposed, Type-86 I (WZ-505) is equipped with a single turret armed with a 25 mm cannon, Type-86G is armed with a 30 mm cannon.

TYPE-86 (WZ-501), TYPE-86 I (WZ-505)

INFANTRY FIGHTING VEHICLE

1992

-4°/+33° Type-86
-8°/+52° Type-86 I

2.16 m
2.07 m
0.39 m
2.94 m
6.735 m
245

Cannon	73 mm Type-86 (WZ-501) 25 mm Type-86 I (WZ-505)	Canon
Coaxial machine gun	7.62 mm	Mitrailleuse Coaxiale
Antitank weapons	HJ-73 (9M14M Malyutka - AT-3 Sagger)	Capacité antichar
Other weapons	-	Autre armement
Smoke grenades	2 x 3	Grenade fumigène
Ammunition	40 x 73 mm 2 000 x 7.62 mm 4 x HJ-73	Munition
Crew	3 + 8	Equipage
Weight	12.8 t	Poids en ordre de combat
Engine, Power	6V150 290 ch	Groupe motopropulseur, Puissance
Rapport power / Weight	22 ch/t	Rapport puissance / Masse
Speed / Water speed	65 km/h / 7 km/h	Vitesse / Vitesse dans l'eau
Fuel Capacity	460 L	Capacité de carburant
Maximum road range	500 km	Autonomie
Ground pressure	0.6 kg/cm²	Pression au sol

ZBD-03, ZLC-2000 (WZ-506)
VÉHICULE DE COMBAT AÉROPORTÉ

Dans les années 1990, la Chine cherche à doter ses troupes aéroportées d'un VCI parachutable à l'image du BMD russe. Les premiers prototypes du ZBD-03 sont réalisés en 2000 sous le nom ZLC-2000 (appellation industrielle WZ-506). Le système de parachutage multi coupole K/STW17 est officiellement opérationnel en 2004. Le train de roulement est oléopneumatique à hauteur variable. La composition du véhicule est classique, le groupe motopropulseur est à l'avant droit et le pilote et le chef de bord à l'avant gauche. La tourelle monoplace est armée d'un canon de 25 mm et d'une 7,62 coaxiale. Le missile antichar, filoguidé d'une portée de 3 km, est le HJ-73C *(Hun Czyah, Flèche Rouge en mandarin)*. Dix-huit ZBD-03 ont été présentés lors du défilé en 2009.

In the 1990s, China sought to equip its airborne troops with an IFV capable of being parachuted in the image of the Russian BMD. The first prototypes of the ZBD-03 are constructed in the year 2000 under the name ZLC-2000 (the industrial name WZ-506). The multi-dome parachute system K/STW17 is officially operational in 2004. The pneumatic suspension system for the running gear is height adjustable. The vehicle has a traditional composition, the power train is in the front right, the pilot and tank leader in the front left. The single-seat turret is armed with a 25 mm gun and one 7,62 mm coaxial. The anti-tank missile, wire-guided with a range of 3 km, is the HJ-73C (Hun Czyah, or Red Arrow in Mandarin). Eighteen ZBD-03s were presented during the parade in 2009.

ZBD-03, ZLC-2000 (WZ-506)

AIRBORNE FIGHTING VEHICLE

2003

CHINA

-8°/+52°

2.2 m*

2.4 m*

0.15 m à 0.5 m*
(opérationnel
0.45 m)

2.5 m*

5.7 m*

Cannon	25 mm	Canon
Coaxial machine gun	7.62 mm	Mitrailleuse Coaxiale
Antitank weapons	HJ-73C	Capacité antichar
Other weapons	-	Autre armement
Smoke grenades	2 x 3	Grenade fumigène
Ammunition	225 (125) x 25 mm 2000 x 7.62 mm 3 x HJ-73C	Munition
Crew	3 + 5	Equipage
Weight	8 t	Poids en ordre de combat
Engine, Power	2V-06 diesel, 450 ch	Groupe motopropulseur, Puissance
Rapport power / Weight	34 ch/t	Rapport puissance / Masse
Speed / Water speed	68 km/h / 6 km/h	Vitesse / Vitesse dans l'eau
Fuel Capacity	450 L	Capacité de carburant
Maximum road range	500 km	Autonomie
Ground pressure	0.77 kg/cm²	Pression au sol

* Estimation.

ZBD-04, ZBD-97
VÉHICULE DE COMBAT D'INFANTERIE

Le ZBD-04 (*Zhang jia Bubing zhan Dou*, véhicule blindé de combat infanterie), est un VCI développé par Norinco pour doter l'infanterie chinoise d'un VCI de dernière génération. Le premier ZBD-04 a été présenté en 2004 sous le nom ZBD-97, ou Type-97. Le GMP est à l'avant droite et le pilote et un membre de l'équipage sont à gauche. La caisse est en plaques d'acier soudées. La tourelle du BMP-3 russe, produit en Chine sous licence avec quelques modifications, reprend son armement à l'identique. Le véhicule possède des petites vitres d'observation et des trappes de tir dont une dans la porte arrière. La propulsion nautique est assurée par deux hydrojets. Dix-huit ZBD-04 améliorés ont été présentés lors du défilé en 2009.

The ZBD-04 (Zhang jia Bubing zhan Dou, armoured infantry fighting vehicle), is a IFV developed by Norinco to equip the Chinese infantry with a last generation IFV. The first ZBD-04 was presented in 2004 under the name ZBD-97, or Type-97. The hull has a classic design, the power train is in the front right; the pilot and crew member are to the left. The hull is made up of welded steel plating. The turret from the Russian BMP-3, produced in China under license with some modifications, is equipped with an identical weapon. The vehicle possesses small observation ports and firing traps with one located in the back door. Nautical propulsion is assured by two hydro jets. Eighteen improved ZBD-04s were presented during the parade in 2009.

ZBD-04, ZBD-97

INFANTRY FIGHTING VEHICLE

2004

-6°/+60°

2.74 m*

2.48 m*

0.48 m

7.62 m*

3.55 m*

Cannon	100 mm + 30 mm	Canon
Coaxial machine gun	7.62 mm	Mitrailleuse Coaxiale
Antitank weapons	ACMP (ATGW)*	Capacité antichar
Other weapons	-	Autre armement
Smoke grenades	2 x 3	Grenade fumigène
Ammunition (automatic loader holder)	30 (22) x 100 mm, 500 (500) x 30 mm 2000 x 7.62 mm 8 x ACMP*	Munition (dont en chargeur automatique)
Crew	3 + 7	Equipage
Weight	20.5 t*	Poids en ordre de combat
Engine, Power	diesel 590 ch*	Groupe motopropulseur, Puissance
Rapport power / Weight	28 ch/t	Rapport puissance / Masse
Speed / Water speed	65 km/h / 20 km/h	Vitesse / Vitesse dans l'eau
Fuel Capacity	680 L*	Capacité de carburant
Maximum road range	500 km	Autonomie
Ground pressure	0.77 kg/cm²	Pression au sol

* Estimation.

ZBD-05, ZBD-2000
VÉHICULE DE COMBAT AMPHIBIE

2005

Le ZBD-05 est un véhicule amphibie développé pour les troupes de fusiliers marins. Il est dévoilé en 2005 sous le nom ZBD-2000. Le châssis, en acier mécano soudé, est très allongé à l'avant afin d'avoir une meilleure qualité nautique. Le pare lame avant est articulé en deux pièces et le pare lame arrière se déploie pour avoir une forme hydrodynamique. Propulsé par deux hydrojets, il peut atteindre une vitesse de 45 km/h sur l'eau. La tourelle biplace est armée d'un canon de 30 mm, d'une 7,62 mm coaxiale et du missile antichar. Un modèle, armé d'un canon de 105 mm, est conçu pour remplacer le char léger Type-63A. Dix-huit ZBD-05 améliorés ont été présentés lors du défilé en 2009.

The ZBD-05 is an amphibious vehicle developed for the marines. It was revealed in 2005 under the name ZBD-2000. The frame, out of mechanically welded steel, is lengthened in the front in order to have better dynamics in the water. The two-piece articulated front panel and the deployable rear panel give the vehicle a hydrodynamic form. Propelled by two hydro jets, it can reach speeds up to 45 km/h on the water. The two-seater turret is armed with a 30 mm gun, one 7,62 mm coaxial and an anti-tank missile. A model, armed with a 105 mm cannon, is designed to replace the Type 63-A light tank. Eighteen improved ZBD-05 were presented during the parade in 2009.

ZBD-05, ZBD-2000

2005

AMPHIBIOUS FIGHTING VEHICLE

-8°/+45°*

2.97 m*

2.75 m*

06-19 ★

0.47 m*

3.6 m*

8.84 m* (12.42 m en navigation)

Cannon	30 mm	Canon
Coaxial machine gun	7.62 mm	Mitrailleuse Coaxiale
Antitank weapons	HJ-73C	Capacité antichar
Other weapons	-	Autre armement
Smoke grenades	2 x 4	Grenade fumigène
Ammunition	860 x 30 mm* 2 000 x 7.62 mm 4 x HJ-73C	Munition
Crew	3 + 10	Equipage
Weight	18 t*	Poids en ordre de combat
Engine, Power	680 ch*	Groupe motopropulseur, Puissance
Rapport power / Weight	37.8 ch/t*	Rapport puissance / Masse
Speed / Water speed	70 km/h / 45 km/h	Vitesse / Vitesse dans l'eau
Fuel Capacity	750 L*	Capacité de carburant
Maximum road range	500 km*	Autonomie
Ground pressure	0.77 kg/cm²*	Pression au sol

* Estimation.

ACHZARIT MK1, MK2

VÉHICULE DE TRANSPORT DE TROUPES LOURD   *1988*

Israël possède une grande quantité de chars de combat T-54 et T-55, capturés pendant les conflits. Après les avoir utilisés sous le nom de « Tiran », Israël les transforme en engins d'infanterie : Achzarit, « Cruelle ». Le niveau de protection est renforcé sur tout azimut par 17 tonnes de surblindage supplémentaire. Le débarquement des fantassins se fait à l'arrière par une rampe hydraulique escamotable. Le moteur du Achzarit Mk1 8V-71 développe 650 chevaux et le moteur 8V-92 du Achzarit Mk2, apparut en 1997, développe 850 chevaux. A partir de 2010, un programme de modernisation est présenté, visant une remise à niveau du moteur, de la transmission, des amortisseurs, des chenilles, des sièges et de l'aménagement intérieur.

Israel possesses a large quantity of T-54 and T-55 tanks, captured during conflicts. After using them under the name "Tiran", Israel transforms them into infantry machines: Achzarit, "Cruel". The level of protection is strengthened on all sides by adding 17 t of supplementary shielding. The foot soldiers debark from the back out of a retractable hydraulic ramp. The Achzarit Mk1 8V-71 engine develops 650hp and the 8V-92 Achzarit Mk2 engine, appearing in 1997, develops 850 hp. Starting in 2010, a modernization program is presented, aiming at updating the motor, the transmission, the shock absorbers, the chains, the seats and a reorganization of the interior.

ACHZARIT MK1, MK2

Heavy Armoured Personnel Carrier

ISRAEL

2 m

0.41 m

3.64 m

6.45 m

Cannon	-	Canon
Machine gun	7.62 mm FN MAG (ou 12.7 mm M2HB)	Mitrailleuse
Antitank weapons	-	Capacité antichar
Other weapons	3 x 7.62 mm mortier 60 mm en option	Autre armement
Smoke grenades	2 x 6 IMI CL3030	Grenade fumigène
Ammunition	4 000 x 7.62 mm (ou 600 x 12.7 mm + 3 000 x 7.62 mm) 30 x 60 mm	Munition
Crew	3 + 7	Equipage
Weight	44 t	Poids en ordre de combat
Engine, Power	8V-71 650 ch MkI (8V-92 850 ch MkII)	Groupe motopropulseur, Puissance
Rapport power / Weight	14.8 ch/t (19.3 ch/t MkII)	Rapport puissance / Masse
Speed	65 km/h	Vitesse
Fuel Capacity	814 L	Capacité de carburant
Maximum road range	500 km	Autonomie
Ground pressure	0.98 kg/cm²	Pression au sol

* Estimation.

NAMER

VÉHICULE DE TRANSPORT DE TROUPES LOURD

2008

Israël cherche à doter son infanterie d'un engin fortement protégé. A partir de 2004, deux modèles sont développés : Namera, « Tigresse », sur le châssis du vieux Merkava Mk1 et Namer, « Tigre », sur le châssis du nouveau Merkava Mk4. Après le conflit de 2006, il est décidé de produire le Namer avec son blindage de conception moderne. Le char Merkava possède dès sa conception le GMP à l'avant. La hauteur du châssis est rehaussée. Les 25 tonnes de la tourelle du Merkava Mk4 sont utilisées pour améliorer la protection du véhicule. Il est mis en service en 2008 et possède une mitrailleuse 12,7 mm télé-opérée ou un lance-grenade MK-19. Il peut recevoir un canon de 30 mm et un lance-missile Spyke.

Israel looks to give its infantry a well protected machine. From 2004 on, two models are developed: Namera, "Tigress", on the hull of the older Merkava Mk1 and Namer, "Tiger", on the hull of the new Merkava Mk4. After the conflict in 2006, it was decided to produce Namer with armor plating of a more modern design. The Merkava tank possesses, from its conception, the power train in front. The height of the hull is ameliorated. The 25t turrets from the Merkava Mk4 are used to improve the vehicles protection. It is put in service in 2008 and possesses a 12,7 mm machine gun operated remotely or a MK-19 grenade launcher. It can have a 30 mm cannon installed along with a "Spyke" missile launcher

NAMER

Heavy Armoured Personnel Carrier

2008

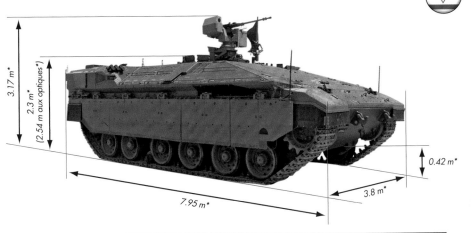

Cannon	-	Canon
Machine gun	**M2HB 12.7 mm**	Mitrailleuse
Antitank weapons	-	Capacité antichar
Other weapons	**FN MAG 7.62 mm, mortier 60 mm**	Autre armement
Smoke grenades	**2 x 6**	Grenade fumigène
Ammunition	**600 x 12.7 mm*** **3 000 x 7.62 mm*** **30 x 60 mm***	Munition
Crew	**3 + 8**	Equipage
Weight	**60 t**	Poids en ordre de combat
Engine, Power	**AVDS-1790 diesel, 1 200 ch**	Groupe motopropulseur, Puissance
Rapport power / Weight	**22 ch/t**	Rapport puissance / Masse
Speed	**60 km/h**	Vitesse
Fuel Capacity	**1 250 L**	Capacité de carburant
Maximum road range	**500 km**	Autonomie
Ground pressure	**0.85 kg/cm²**	Pression au sol

* Estimation.

BTR-T

VÉHICULE DE TRANSPORT DE TROUPES LOURD   *1997* PROTOTYPE

Le BTR-T, *BronéTRansporteur-Tyajelyï,* Transport Blindé Lourd, est un véhicule de combat conçu sur le châssis du char T-55. Près de cent mille exemplaires du T-55 sont produits dans le monde. Le BTR-T est présenté en 1997. La hauteur de la caisse est rehaussée et un compartiment, pour cinq soldats équipés, est installé à la place de la tourelle. Les fantassins peuvent quitter le véhicule par les trappes du toit. La protection est renforcée par le surblindage latéral, des plaques anti-mines et des briquettes explosives Kontakt-5. Le BTR-T peut recevoir différents systèmes d'armes : canon automatique de 30 mm, missiles antichar, lance-grenades automatique ou mitrailleuses lourdes.

The BTR-T, BroneTRansporter-Tyajelyï, Heavy Armored Transport, is a combat vehicle based on the hull of the T-55 tank. About 100,000 copies of the T-55 were produced in the world. The BTR-T is presented in 1997. The frame is heightened and a compartment, for five equipped soldiers, is installed replacing the turret. The foot soldiers can leave the vehicle by using trapdoors of the roof. Protection is strengthened with the additional shielding on its sides, anti-mine plating and Kontakt-5 explosive bricks. The BTR-T can receive various weapons systems: an automatic 30 mm cannon, anti tank missiles, automatic grenade launcher or heavy machine guns.

BTR-T

HEAVY ARMOURED PERSONNEL CARRIER

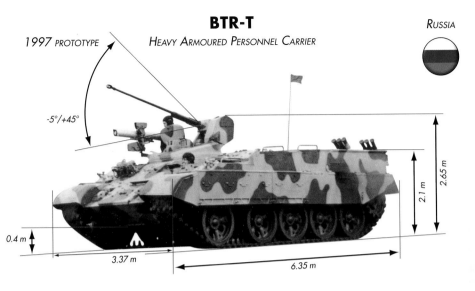

1997 PROTOTYPE

-5°/+45°

2.65 m

2.1 m

0.4 m

3.37 m

6.35 m

Cannon	30 mm	Canon
Coaxial machine gun	7.62 mm	Mitrailleuse Coaxiale
Antitank weapons	9M113 Konkurs (AT-5 Spandrel)	Capacité antichar
Other weapons	-	Autre armement
Smoke grenades	2 x 6 Toutcha B 902	Grenade fumigène
Ammunition	200 x 30 mm 2 000 x 7.62 mm 3 x AT-5	Munition
Crew	2 + 5	Equipage
Weight	38.5 t	Poids en ordre de combat
Engine, Power	V-46-6, 780 ch	Groupe motopropulseur, Puissance
Rapport power / Weight	20 ch/t	Rapport puissance / Masse
Speed	50 km/h	Vitesse
Fuel Capacity	450 L	Capacité de carburant
Maximum road range	500 km	Autonomie
Ground pressure	0.84 kg/cm²	Pression au sol

BMP-T

Véhicule Blindé de Combat Lourd   *2002 PROTOTYPE*

Le BMP-T, *Boyevaya Mashina Podderzhki Tankov* surnommé « Terminator », est un véhicule de combat de soutien de chars. Sa mission est de détruire tous les moyens anti-chars adverses. Le premier prototype est présenté en 2000 avec un canon de A42 de 30 mm, et le second en 2002 avec 2 canons de 30 mm. Le BMP-T utilise le châssis des chars T-72 ou T-90. Son armement est composé de deux canons 2A-42 de 30 mm en super structure, une mitrailleuse 7,62 mm coaxiale, quatre missiles supersoniques Ataka. Deux lance-grenades automatiques AG-17D sont mis en œuvre indépendamment de l'armement principal. Le BMP-T possède deux caméras thermiques, une lunette chef à 360° et une conduite de tir automatisée.

The BMP-T, Boyevaya Mashina Podderzhki Tankov, nicknamed "Terminator" is a tank support combat vehicle. Its mission is to destroy all of the enemies' anti tank equipment. The first prototype is presented in 2000, with a 30 mm cannon, the second in 2002. The BMP-T uses the hull of the T-72 or T-90 tank. The armament is composed of two 2A-42 30 mm cannons in super structure, a coaxial 7,62 mm machine gun and four supersonic Ataka missiles. Two automatic AG-17D grenade launchers are operated independently of the main armament. The BMP-T possesses two thermal cameras, 360° optics for the commander and an automatic firing system.

BMP-T

2002 PROTOTYPE

HEAVY ARMOURED FIGHTING VEHICLE

-5°/+45° 30 mm
-5°/+25° AT-9

2.1 m

0.47 m

6.96 m

3.46 m

Cannon	2 x 30 mm 2A42	Canon
Coaxial machine gun	7.62 mm PKTM	Mitrailleuse Coaxiale
Antitank weapons	4 x Ataka-T (AT-9 Spiral-2)	Capacité antichar
Other weapons	2 x AG-17D 30 mm	Autre armement
Smoke grenades	2 x 6 Toutcha 902A	Grenade fumigène
Ammunition	850 x 30 mm 2000 x 7.62 mm 4 x Ataka-T, 600 x 30 mm AG-17D	Munition
Crew	5	Equipage
Weight	47 t	Poids en ordre de combat
Engine, Power	V-92S2 diesel, 1 000 ch	Groupe motopropulseur, Puissance
Rapport power / Weight	21.3 ch/t	Rapport puissance / Masse
Speed	65 km/h	Vitesse
Fuel Capacity	1 200 L	Capacité de carburant
Maximum road range	550 km	Autonomie
Ground pressure	0.77 kg/cm²	Pression au sol

AB-14 TEMSAH

Véhicule de Transport de Troupes Lourd

L'AB-14 Temsah, « Crocodile », est un projet de VCI basé sur le châssis de char de combat. La Jordanie cherche en effet à utiliser ses chars Centurion, appelés localement Tariq. Le prototype AB-13 est réalisé en 2000 avec les ingénieurs ukrainiens. En 2001, le modèle AB-14 Temsah est développé en coopération avec l'Afrique du Sud, qui possède aussi des vieux Centurion, appelés localement Oliphant. L'avant et l'arrière de l'engin sont inversés, le moteur se retrouve à l'avant et une porte est installée à l'arrière du véhicule. Le châssis et la suspension sont entièrement redessinés. La puissance du moteur peut être augmentée jusqu'à 1 020 chevaux. L'AB-14 est présenté avec diverses tourelles et modules d'armement. En 2006, deux nouveaux prototypes sont présentés : le MAP et le MAP-II.

The AB-14 Temsah, or "Crocodile", is an IFV project built on the hull of the tank. Jordan looks to use its Centurion tanks, locally called Tariq. The AB-13 prototype is realized with Ukrainian engineers in 2000. In 2001, model AB-14 Temsah is developed in cooperation with South Africa, which also posses the older Centurion, locally called "Oliphant". The front and the back of the machine are inverted, the engine is found in the front and a door is installed in the back of the vehicle. The hull and the suspension are completely redesigned. The engines power can be increased up to 1020hp. The AB-14 is presented with different turrets and weapons modules. In 2006, two new prototypes were presented: the MAP and the MAP-II.

AB-14 TEMSAH

2001 PROTOTYPE HEAVY ARMOURED PERSONNEL CARRIER

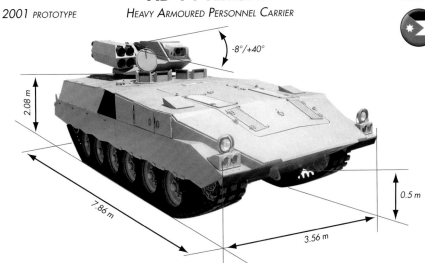

-8°/+40°

2.08 m

7.86 m

0.5 m

3.56 m

Cannon	20 mm M621	Canon
Coaxial machine gun	7.62 mm	Mitrailleuse Coaxiale
Antitank weapons	-	Capacité antichar
Other weapons	-	Autre armement
Smoke grenades	2 x 4	Grenade fumigène
Ammunition (Ready to fire)	300 (150) x 20 mm 2 000 (600) x 7.62 mm	Munition (Prêt au tir)
Crew	2 + 10	Equipage
Weight	39.5 t	Poids en ordre de combat
Engine, Power	AVDS-1790 diesel, 830 ch	Groupe motopropulseur, Puissance
Rapport power / Weight	21 ch/t	Rapport puissance / Masse
Speed	60 km/h	Vitesse
Fuel Capacity	950 L	Capacité de carburant
Maximum road range	500 km	Autonomie
Ground pressure	0.77 kg/cm²	Pression au sol

BMPV-64

Le BMPV-64 est un projet de véhicule blindé basé sur le châssis du char de combat T-64. Le KB Morozov de Khalkov l'a développé sur ses fonds propres en 2005. L'avant et l'arrière du châssis sont inversés et le GMP est à l'avant droite. La caisse est entièrement redessinée et une porte d'accès est installée à l'arrière de l'engin. La protection de l'équipage est égale à celle des chars de combat. Les briquettes explosives Nozh sont installées sur les flancs. La protection anti-mines est renforcée. Le prototype est équipé d'un canon télé-opéré de 30 mm et d'une mitrailleuse 7,62 mm coaxiale. Le BMPV-64 reste à l'état de démonstrateur technologique.

BMPV-64 is an armored car project using the T-64 tank frame. It is developed using stockholder equity from KB Morozov in 2005. The front and the back of the hull are inverted and the power train is in the front right hand side. The hull is completely redesigned and an access door is installed in the rear of the vehicle. Crew protection is equivalent to that of a combat tank. "Nozh" explosive bricks are installed on its flanks. Anti-mine protection is strengthened. The prototype is equipped with a remote operated 30 mm cannon and a coaxial 7,62 mm machine gun. The BMPV-64 remains a demonstrator of technology.

BMPV-64

ARMOURED INFANTRY FIGHTING VEHICLE

UKRAINE

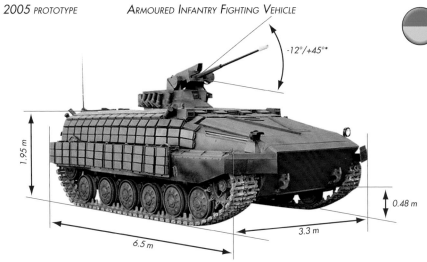

-12°/+45°*

1.95 m

0.48 m

3.3 m

6.5 m

Cannon	30 mm 2A42	Canon
Coaxial machine gun	7.62 mm	Mitrailleuse Coaxiale
Antitank weapons	-	Capacité antichar
Other weapons	-	Autre armement
Smoke grenades	2 x 5	Grenade fumigène
Ammunition	860 x 30 mm* 2 000 x 7.62 mm*	Munition
Crew	3 + 12	Equipage
Weight	32.5 t	Poids en ordre de combat
Engine, Power	5TDF 700 ch (6TD 1 000 ch)	Groupe motopropulseur, Puissance
Rapport power / Weight	21.5 ch/t (30.8 ch/t)	Rapport puissance / Masse
Speed	65 km/h (75 km/h)	Vitesse
Fuel Capacity	800 L	Capacité de carburant
Maximum road range	600 km	Autonomie
Ground pressure	0.72 kg/cm²	Pression au sol

* Estimation.

TEST 1

TEST 2

TEST 3

TEST 4

	TEST 1	TEST 2	TEST 3	TEST 4
1	Dardo	ZBD-05	ZBD-03	ASCOD Pizarro
2	CV-9030	EFV	Puma	BMP-2M
3	BRM-3M	M2 Bradley	BMP-23	BMD-1
4	ASCOD Ulan	Marder A3	FV-510 Warrior	VCTP
5	BMP-3	K-21	BVP M-80	M2A2 Bradley
6	BMD-4M	MTLB 6MB	BMP-2D	BRM-1K
7	Bionix	ZBD-04	BMD-4	BMP-1
8	Type-89	ASCOD Ulan	AMX-10P	CV-9040
9	BRDM Stalker 2T	EFV	Type-89	AMX-10P
10	MLI-84M	M2A2 Bradley	YPR-765	Saurer 4K 4FA

NOTES

_____

_____

_____

_____

_____

_____

_____

_____

_____

_____

_____

CHARS DE COMBAT
MAIN BATTLE TANKS

Le char est l'engin le plus puissant de l'arsenal de l'armée de terre. Un système d'arme qui possède une formidable puissance de feu, une mobilité tout terrain et une protection à toute épreuve. Ce volume présente tous les chars de combat et leurs nombreuses modifications. Il définit clairement les générations des chars de combat d'après-guerre.

The tank is the most powerful machine in the land forces arsenal. It is a weapons system that couples tremendous fire power and extraordinary mobility with tried & tested protection. This work regroups all main battle tanks, with their numerous modifications. It clearly defines all post-war generation tanks.

DISPONIBLE / AVAILABLE

VÉHICULES DE COMBAT D'INFANTERIE
INFANTRY FIGHTING VEHICLES

L'infanterie joue un rôle primordial dans une armée. Le terrain ne peut être considéré comme vaincu tant qu'il n'a pas été foulé par le pied du fantassin. Le présent ouvrage regroupe pour la première fois tous les VCI chenillés du monde et leurs nombreuses modifications et modernisations, avec un tableau chronologique des mises en service.

The infantry plays a crucial role in any army. Ground cannot be considered conquered until the feet of a soldier have treaded it. This book regroups, for the first time, all tracked IFVs from the world over and their many modernisations and modifications along with a time-table showing the dates that they were put into service.

DISPONIBLE / AVAILABLE

VÉHICULES BLINDÉS DE COMBAT À ROUES
WHEELED ARMORED FIGHTING VEHICLES

Le troisième volume présente les Véhicules Blindés de Combat à roues. Ce type d'engin, très présent dans les forces connait, depuis la fin des années 90's, un nouvel essor grâce aux nouvelles technologies développées. La présente collection sur le matériel militaire est réalisée par un spécialiste dans le domaine de l'identification en collaboration avec les industriels.

This third volume presents the Wheeled Armored Fighting Vehicle. This type of machine, omnipresent in the armed forces, has know since the late 90's, a steady progression thanks to the development of newer technologies. The present collection on the military material was realized by a specialist in the field of identification in collaboration with manufacturers.

À PARAÎTRE 2011 / COMING SOON 2011

CHARS LÉGERS ET VÉHICULES À ARMEMENT LOURD
LIGHT TANKS AND HEAVILY ARMED COMBAT VEHICLES

À PARAÎTRE 2012 / COMING SOON 2012

Remerciements particuliers à tous les constructeurs qui ont fourni les données techniques.
Remerciements à S. Souvorov et V. Kuzmin

Vous pouvez envoyer vos observations à l'adresse email : aifv@live.fr

Directeur de collection Eric Micheletti, conception Youri Obraztsov,
réalisation Matthieu Pleissinger et relectrice Perrine Rosset.

ISBN : 978-2-35250-189-3
Numéro d'éditeur : 35250
Dépôt légal : juin 2011
© Histoire & Collections 2011

SA au capital de 182 938,82 €

5, avenue de la République
F-75541 Paris Cédex 11

Tel : 01 40 21 18 20 / Fax : 01 47 00 51 11

www.histoireetcollections.com

Cet ouvrage a été conçu,
composé et réalisé par
Histoire & Collections entièrement
sur stations informatiques intégrées.
Photogravure : Studio A&C
Achevé d'imprimer en juin 2011 sur
les presses de MCC Graphics - Elkar,
Espagne, Union Européenne.